프로젝트 접근법의 사례 연구 5

최소자 著

창지사

머리말

다섯 번째의 『프로젝트 접근법의 사례 연구』를 출판하면서 교사들의 교육 경력과 프로젝트의 질적 연구는 비례한다는 결론을 얻게 되었다. 유치반 어린이들의 '신발 프로젝트'에 참여한 교사는 만 4년차~ 8년차의 교사들로 구성되어 있고, 유아반의 '콩 프로젝트'는 2~3년차 교사들이 수행하였다.

프로젝트 접근법을 계속해서 연구해 온 교사들의 보고서는 이론적인 면에서나 실제적인 활동에서 마치 물 흐르듯이 편안하게 순리대로 진행되었다는 것을 알 수 있었다.

'프로젝트 접근법'은 단시간에 공식처럼 실행할 수 있는 교육 방법이 아니라 꾸준히 연구 노력하여 교사 스스로가 획득하는 교육 기술이요, 방법이라고 생각한다.

이번 '신발 프로젝트'에서는 교사들이 많은 교육적 아이디어를 얻고 어린이들의 문제 해결 방법과 그 도전에 대하여 또 다른 측면을 느낄 수 있으리라고 믿는다.

내 개인적으로는 이번 다섯 번째의 프로젝트 수행이 가장 마음에 든다. '신발 프로젝트'가 자칫 잘못 접근하면 실패할 확률이 높았음에도 불구하고 많은 교사들이 회의에 회의를 거듭하며 심혈을 기울여 교사와 어린이들 그리고 부모님이 만족할 수 있는 결과를 이루어 내게 되었음을 깊이 감사드린다.

책이 연간 2000부 가깝도록 판매된다는 것은 기쁨에 앞서 프로젝트를 수행하는 우리 모두에게 무거운 책임감이 뒤따른다는 것을 명심하고 항상 겸손하게 열심히 연구 노력할 것을 약속드리면서 유아교육에 종사하는 모든 분들에게 감사함을 전한다.

2006년 2월
저자 드림

차 례

Part I

레지오 접근법을 적용한 신발 프로젝트

(만 5세 유치반)

신발 프로젝트는 신발을 관찰하고 신발의 길이를 재어 보는 과정을 통해서 어린이들이 상징(자)에 대한 상징(자를 확대 복사)을 해 나간다. 그리고 신발의 치수 mm가 무엇을 뜻하는지 찾아나가는 과정은 어린이들의 높은 지적 발달을 가져오게 된다.

● 신발 프로젝트 수행을 위한 제1차 교사 회의

<table>
<tr><td rowspan="4">1. 주 제
선정 배경</td><td>● 다양한 신발에 대한 경험과 이해</td></tr>
<tr><td>–신발의 기능, 역할, 구조, 생김새
–신발 종류 모아 보기
–신발을 이용한 극놀이</td></tr>
<tr><td>● 신발 치수에 대한 인식</td></tr>
<tr><td>–몸의 성장과 발 크기 변화
–신발 치수에 대한 호기심 유발
–나의 신발과 친구의 신발 비교</td></tr>
</table>

<table>
<tr><td rowspan="7">2. 신 발
프로젝트를
위한 교사 회의</td><td>• 주제에 따른 어린이들의 관심과 행동에 대한 관찰 및 경청</td></tr>
<tr><td>↓</td></tr>
<tr><td>• 어린이들의 아이디어, 가설, 이론을 발견하기 위한 개방적 질문</td></tr>
<tr><td>↓</td></tr>
<tr><td>• 완벽한 계획과 발현적 아이디어 조율</td></tr>
<tr><td>↓</td></tr>
<tr><td>• 반별 프로젝트 진행 및 구성 방법의 다양성을 공유</td></tr>
</table>

3. 획득되는 지식		
	언 어 ➔	• 신발에 대한 새로운 단어 및 용어 습득 • 자신의 경험과 생각을 문장으로 말하기
	수 ➔	• 비교하기 • 측정하기 • mm 단위의 발견 • 그래프 개념에 대한 이해
	과 학 ➔	• 마찰력 실험 • 신발 재질에 따른 차이
	표 현 ➔	• 신발로 꾸민 창조물 • 표상하기
	창의성 ➔	• 나만의 신발 제작 • 신발 전시 및 패션쇼

4. 신 발 프로젝트	신발 프로젝트의 목적 (필요성)
	Precess
	• 신발의 필요성 및 기능 이해 • 신발 밑바닥과 마찰력의 Match • 측정의 필요성과 문제 해결 방법 찾기
	Presentation
	• 신발 치수와 발의 길이의 관계 • 수학적 기호와 단위에 대한 경험
	Team Work
	• 조별 활동의 역할 분담 (leader & supporter) • 협동 및 팀워크 강화로 학습 수행 능력 향상

5. 그룹 선정	그룹 선정 과정
	1. 유아의 1차 팀 구성
	희망자
	성 별
	차량 코스별
	공통된 관심사
	↓
	2. 학습 수준을 고려한 교사의 수정
	↓
	3. 유아 의견 재수정
	↓
	4. 최종 교사 결정
	총 5조 7인 1조

●● 프로젝트 실행하기

1. 활동 방법 제시

가정과 지역 사회의 연계		유아–교사의 역할
• 가정 통신을 통한 자원 요청	➜	• 구술적 분출 –주제에 관한 자유로운 토의 활동
• 지역 사회에 협조 요청		• 교사의 적절한 발문

↓

그 외 활동

- 환경 구성–아뜰리에
- 전시 및 초대

2. 도 입

● 사전 경험

–다양한 종류의 신발
–신발 가게 놀이
–견학 : 신발 가게

● 신발로 할 수 있는 놀이에 대한 경험과 이해

–신발 관찰 및 표상
–신발 바닥 무늬 관찰
–신발 바닥 역할의 실험(마찰력)

3. 전 개	**● 수 발견** –신발의 크기별 분류 –신발을 이용한 길이 측정 –자를 이용한 측정 –측정 방법 이해 –cm, mm 단위 이해 **● 언어적 도식** –신발에 대한 새로운 단어 및 용어 –활동에 필요한 토의 활동 –기록 활동

4. 상징화의 주 기	**● 실 측정 도구의 사용**	
	자의 관찰 ➔	• 모양, 종류, 자의 길이 비교, 숫자, 눈금
	자의 복사 ➔	• 그려 보기, 원래 자와 비교하기, 공통점 찾기
	자의 사용 ➔	• 자의 사용 방법, 시행착오, 다양한 물건의 길이 재기
	● 다양한 해결 방법 –cm속 10의 눈금 발견 –대체물 사용(동전, 계산기) –계산식 풀어 가는 방법 찾기 –cm, mm 단위 경험하기 –18cm, 180mm 관계	

정 리	
	• 신발 치수와 자의 관계
	−180mm와 18cm −1cm 안에는 작은 눈금 10개 −신발 치수 mm는 자의 작은 눈금의 개수
	• 우리가 만든 신발
	−신발 재창조를 위한 재료 선정 −신발 제작 과정 −재창조한 신발 디자인
	• 전 시
	−제작된 신발 전시 −전시에 대한 평가
	• 창의적 표현
	−신발 표상하기 −신발 패션쇼

1. 주제 선정 배경

신학기가 되면 어린이들은 자기 물건을 분실하거나, 스스로 잘 챙기지 못하는 경우가 간혹 생긴다. 그래서 유치원에 '주인을 찾아주세요' 코너를 만들기도 하고, 자기 물건에 대한 소중함을 인식하도록 여러 가지 교육 활동을 한다. 그러던 중 똑같은 모양의 신발을 자기 것으로 착각해 잘못 신고 집으로 가는 경우가 있고 다음 날 신발을 다시 찾는다. 자신의 신발을 찾으면서 친구의 것과 모양은 같지만 사이즈가 달랐다는 점을 발견하기도 한다. 그리고 6세에서 7세로 성장하면서 작년에 신던 실내화가 작아짐을 느끼고 불편해 하는 어린이, 새 신발을 샀다고 자랑을 하는 어린이, 그리고 힐리스나 인라인 스케이트, 걸을 때마다 불이 번쩍번쩍 들어오는 운동화 등 매력적인 신발에 관심 있어 하는 어린이, 이러한 신발에 대한 어린이들의 관심을 바탕으로 교사들은 1학기 프로젝트 주제를 '신발'로 선정하였다.

2. 신발 프로젝트를 통해 습득되는 지식

1 언 어

① 신발의 기능, 역할, 구조, 생김새 등을 알아보며 새로운 단어와 용어 습득

2 수

① 비교하기－길이 비교, 종류 비교

② 측정하기－발 길이에 따른 신발 크기

③ 자의 규칙성 발견－자에 있는 일정한 간격의 계속적인 반복

④ 그래프－우리 가족의 발 치수 그래프 만들기
우리 반 친구들의 발 치수 그래프 만들기

③ 과 학

① 신발 밑바닥의 요철 및 무늬 관찰

② 마찰력 실험(비교하기)

③ 재질에 대한 마찰력 실험(등산화, 장화 등 특수소재)

④ 표 현

① 신발로 꾸민 창조물 만들기

② 표상하기(1, 2차)

③ 신발 가게 놀이

⑤ 창의성

① 나만의 신발 만들기

② 동물에 맞는 신발(코끼리 신발 제작, 오리 신발 제작-동물의 특성 살리기)

③ 신발 박물관

3. 프로젝트를 위한 교사 회의

어린이의 작업을 계획하고 진행하는 방법을 알기 위해서 교사들은 어린이를 면밀하게 관찰하고 경청해야 한다. 이런 관찰 과정을 통하여 교사는 어린이를 위한 자원으로 활용하기 위해 질문을 하고 어린이들의 아이디어, 가설, 이론들을 발견하기 위해 매주 3~4회 교사 회의를 열었다. 교사는 어린이들과 함께 프로젝트를 진행해가면서 꾸준한 연구와 학습의 과정에 참여하는 팀 협동자이므로 신발 프로젝트에 관한 사전 경험들을 미리 설계하고, 어린이들이 세울 수 있는 가설 등에 대해 의논하는 회의를 진행하였다.

4. 환경 구성

(1) 초기 환경 구성

환경 구성은 어린이들에게 교육자료서의 역할을 하게 된다. 어린이의 요구에 반응하고 어린이가 지식을 구성해 가는 데 도움을 줄 수 있도록 교사는 환경을 자주 변화시켜야 한다. 그리고 어떤 특별한 형태로 조직된 학급에서 어린이들의 활동이 더욱 활성화된다. 교사는 어린이들이 신발 프로젝트에 대한 흥미를 가질 수 있도록 교실 선반 위에 신발을 비치해 두었다.

- 신발로 교실 화분을 만들어 전시하기
- 재미있는 모양의 신발 모빌
- 다양한 종류의 신발 모음 박물관
- 신발에 대한 인터넷 자료 및 책자

(2) 후기 환경 구성

교실 공간 구성의 또 다른 측면은 어린이들이 활동할 때 필요한 자료들에 관한 것이다. 어린이들이 스스로 활동하도록 하기 위해서는 적합한 선택을 위해 필요한 기준이 제시되어야 한다. 신발 프로젝트에 대한 홍미가 고조되면서 길이 측정에 대한 호기심이 높아졌다. 어린이들은 측정할 수 있는 다양한 도구들을 이용해 활동을 해 보았다.

- 자로 만든 구성물
- 줄자를 이용한 우리 반 친구들의 키 그래프
- 다양한 길이 측정 도구 모음
- 어린이들이 좋아하는 예쁜 모양자
- 자 모양 띠 벽지

5. 기 간

9월 12일~11월 4일(8주간)

6. 활동의 순서

1) 사전 경험	5) 실내화로 길이 측정
2) 견 학	6) 자의 관찰
3) 신발 밑바닥 관찰	7) 신발 제작 과정
4) 어린이들의 수 발견	8) 신발 제작

(1) 사전 경험

프로젝트 활동에 있어 어린이들 고유의 생각과 이론은 교사와 부모를 포함한 모든 성인이나 또래와의 관계 속에서 주고받음으로써 지식을 구성해 나가고 발전시켜 나갈 수 있는 힘의 증진력이다. 또한 교사는 어린이들이 교육적이고 보호적인 공간에서 타인과의 관계를 형성해 나가며 양질의 행복한 삶을 즐기고 유지하도록 도와주어야 한다.

① 신발의 종류 모아 보기

프로젝트의 준비 단계에서 부모와의 보다 효과적인 협조 관계를 유지하기 위해 부모들에게 다양한 종류의 신발에 대한 자료를 집에서 찾아 유치원에 보내줄 것을 부탁하였다. 교사들은 집에서 보내준 다양한 종류의 신발을 교실에 전시하고 자료들을 벽에 게시해 주었다. 이것은 아이들의 신발에 대한 관심을 불러일으키고, 교사-유아 간 또는 유아-유아 간의 의견을 활발하게 나눌 수 있게 하였다.

어린이 1 나는 내가 아기 때 신던 신발을 가져왔어.
어린이 2 이건 엄마가 한복 입을 때 신는 신발이야.

어린이 3 우와~ 꽃그림도 있다. 꽃신 같아.

어린이 4 나는 운동화를 가져왔어.

어린이 5 선생님! 우리 집에도 이거랑 똑같은 운동화가 있어요.

어린이들은 자신이 가져온 신발을 친구들 앞에서 소개해 보기도 하고, 신발을 종류별로 모아서 관찰해 보았다.

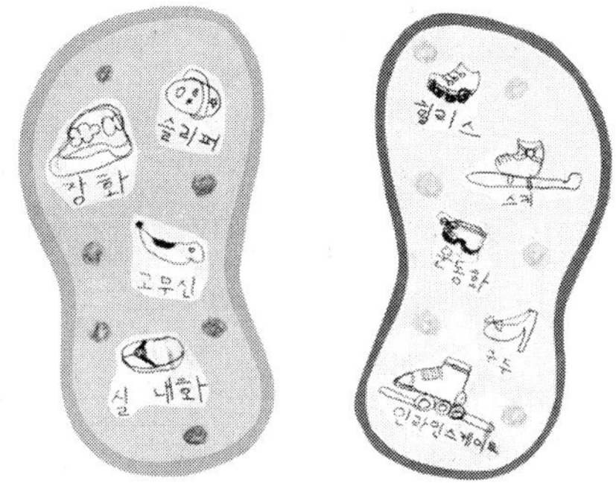

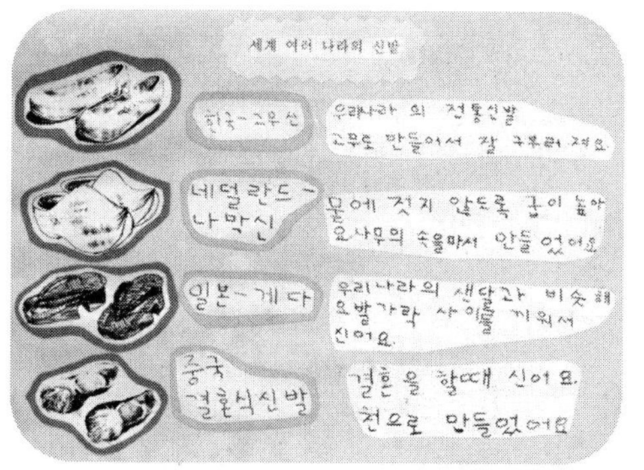

② 신발 가게 놀이

어린이들의 주제에 대한 표현은 역할놀이를 통해 이루어지기도 한다. 역할놀이는 그 주제에 대하여 잘 알지 못하는 상태에서, 또는 막연히 아는 상태에서 이루어지는 경우가 대부분이다. 역할놀이를 통해 주제에 대해 잘못 가지고 있는 개념을 표출하기도 한다. 자유선택 활동시간에 어린이들은 교실에 전시되어 있는 신발을 관찰하다가 한 어린이가 신발이 많은 것을 보고 신발 가게에 온 것 같다고 말을 하게 된 것이 아이디어가 되었다.

어린이 1 우와~ 우리 교실에 신발이 많다!
어린이 2 꼭 신발 가게 같아!
어린이 3 우리 교실이 신발 가게로 변한 것 같아.
어린이 1 신발 가게 놀이해도 좋겠어.
어린이 2 재밌겠다! 그럼 내가 가게 주인할게.
어린이 4 난 손님해야지~. 이거 얼마예요?

몇몇 어린이들은 전시된 신발들을 이용해 자유선택 놀이시간에 소그룹으로 모여 신발 가게 놀이를 했다.

어린이 1 얘들아, 나도 가게놀이 같이 하자.
어린이 2 그래, 그럼 너도 손님 해.
어린이 3 나도 하고 싶어.

가게놀이를 하고 싶어하는 어린이들이 한두 명씩 늘어났고 이러한 현상은 다음 날도 계속되었다. 교사는 어린이들의 관심이 가게놀이로 옮겨가는 것을 발견하고 반 친구들이 전체적으로 가게놀이를 해보는 것도 좋겠다는 생각을 하여 환경을 구성해 주었다.

(2) 견 학

어린이들의 현장 견학은 실제적인 자료를 보고 만져 보며 현장 사람들을 통하여 설명을 들음으로써 프로젝트 활동이 보다 의미있게 활성화될 수 있게 해 준다. 어린이들의 신발에 대한 관심을 더욱 고조시키고, 다양한 종류의 신발을 직접 관찰하기 위해 견학 장소를 신발 가게로 선정하여 직접 방문하였다. 신발 가게에 견학을 가기 전에 사전 활동으로 신발에 대해 궁금한 것을 현장 전문가에게 질문하기로 하고, 질문의 내용에 대한 이야기를 나누었다.

어린이 1 우와~ 여긴 신발이 진짜 많다!
어린이 2 부츠도 있네. 나도 있는데~.
어린이 3 여기 봐. 신발에 불이 번쩍번쩍거려. 이렇게 치면 불이 와.
어린이 4 이야! 신기하다. 나도 이거 갖고 싶다. 엄마한테 사달라고 해야지.

신발 가게에 도착했을 때 현장 사람들의 안내에 따라 현장을 돌아보며 여러 가지 신발을 관찰했다. 전체적으로 신발 가게 둘러보기가 이루어지고 난 후, 전문적 지식이 있는 신발 가게 주인 아저씨께 여러 가지 질문을 할 수 있는 시간을 가졌다.

♠ 견학할 장소
♠ 알게 되었어요
K2

K2

상설 할인 매장

현장 견학을 마치고 돌아와 교사와 어린이들은 그 과정 및 결과에 대하여 이야기하면서 그 곳에서 어떤 종류의 신발을 보았고, 누구와 이야기를 나누었는지, 또 신발에 대해 보고 배운 것이 무엇인지 확인하게 되었다. 특히 현장 견학 전의 질문 내용과 알게 된 답을 발표하기도 하고, 각 어린이들에게 가장 흥미있었던 것은 무엇인지에 대해 이야기를 나누었다. 현장 견학 후 자신이 경험하고 생각한 내용들을 각자 발표해 보는 기회를 통해 어린이들은 동일한 현장 견학이었지만 다른 친구들의 경우와 자신과는 다른 면을 관찰하고 느끼고 왔다는 것도 알게 되었고, 서로 몰랐던 부분에 대해서도 알게 되었다. 그리고 어린이들은 견학에서 보았던 경험에 대해 그림을 그렸다. 어린이들은 관찰한 것을 그려 보는 경험을 바탕으로 상상해서 그리려는 욕망과 능력을 증대시킨다고 생각한다.

(3) 신발 바닥 관찰

신발의 외형적인 모습을 자세히 관찰하고, 표상해 본 어린이들은 신발의 밑바닥에 관해서도 점차 관심을 나타내기 시작했다. 서로의 신발을 꺼내 뒤집어 밑바닥면을 보며 서로 무늬나 모양이 다르다는 것을 비교하며 이야기를 나누는 모습을 볼 수 있었다.

어린이 1 이것 좀 봐, 내 운동화 바닥은 물고기 비늘 모양처럼 뾰족뾰족해.
어린이 2 내 것은 달라. 물결 모양이야. 구불구불해.
어린이 3 내 신발은 구두야. 너희들처럼 무늬가 많지는 않아.
어린이 4 난 축구화를 신고 왔는데 둥근 혹 같은 게 박혀 있어. 이건 왜 그럴까?

어린이들은 무늬를 만져 보며, 왜 신발마다 바닥의 모양이 다른지 궁금증을 가지게 되었고, 그것을 좀 더 자세히 눈으로 확인해 보기를 원했다. 물감을 준비하고 신발 바닥을 찍어 보는 활동을 하기로 하였다. 어린이들의 시각적 표상물은 주제에 대한 다음 단계의 조사와 지식을 심화시키는 자원으로 이용된다.

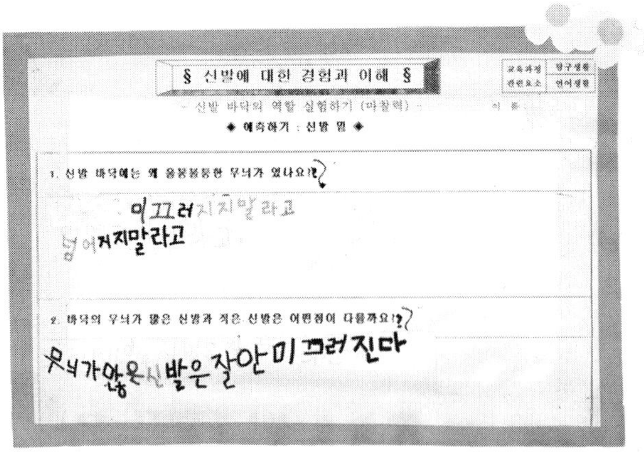

교 사 너희들이 찍어본 모양들을 한번 모아 보자.

어린이 1 서로 모양이 다르구나. 무늬가 많은 것도 있고, 적은 것도 있어요.

어린이 2 왜 그렇지?

어린이 3 무늬가 많으면 더 많이 울퉁불퉁하잖아. 그러면 더 잘 걸을 수 있어.

어린이 1 아냐. 울퉁불퉁하면 잘 안 미끄러지는거야. 내가 찍은 건 축구화야. 무늬가 많으니까 축구를 잘 할 수 있어.

교 사 좋은 생각이구나. 그럼 너희들 말처럼 정말 무늬가 많은 신발은 잘 미끄러지지 않을까? 어떻게 알 수 있을까?

어린이 2 신고 걸어 보면 돼요.

어린이들의 의문의 초점은 '무늬의 역할' 에 맞추어졌다. 그것을 체험하기 위해 직접 무늬가 적은 신발(발레슈즈)과 무늬가 많은 신발(축구화)를 신고 운동장에 나가 미끄럼틀을 타고 내려오거나, (엉덩이를 대지 않고 신발 밑바닥을 대고 내려오기) 복도를 걸어 보기도 하였다.

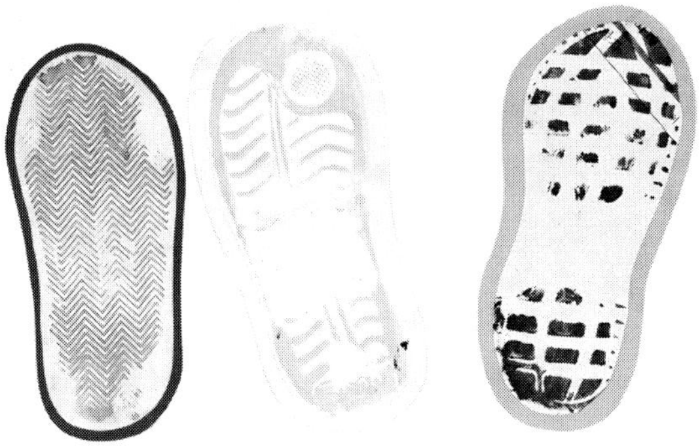

어린이 1 발레슈즈를 신고 미끄럼틀을 타니까 너무 미끄러워.
어린이 2 맞아. 정말 빨리 내려온다. 그렇지?
어린이 3 등산화를 신으니까 너보다 조금 늦게 내려오게 됐어.
어린이 4 그런데 네가 무거워서 그럴 수도 있어.
어린이 2 그럼 우리가 발에 신지 말고 신발만 빨리 내려오기 대결을 시켜 보면 어떨까?

어린이들은 무한한 상상력을 발휘해 미끄럼틀을 교사 책상 위의 유리판으로 대체하고 선수들로는 갖가지 신발을 등장시켜 누가 더 빨리 미끄러져 내려오는지 실험을 해 보았다. 실험하기에 앞서 미리 어떤 신발이 제일 먼저 내려오는지 순위를 예측해 본 후, 직접 실험을 통해 결과를 확인하며 즐거워하였다. 그 결과 어린이들은 신발 바닥의 무늬나 요철 모양에 따라서 미끄러지는 속도가 달라짐을 알게 되었고, 이 힘의 이름은 '마찰력'이라는 사실을 알게 되었다. 책을 통해 이런 마찰력이라는 힘은 신발뿐 아니라 자동차 타이어의 무늬나 겨울철 발생하는 정전기의 힘 등 일상생활 속에서 흔히 찾아볼 수 있는 과학원리임을 알 수 있었다. 이처럼 다양한 신발 종류들을 관찰하고 실험해 보면서 어린이들은 신발에 대한 단순한 관심이 아닌 진지한 과학의 자세를 가지게 되었다.

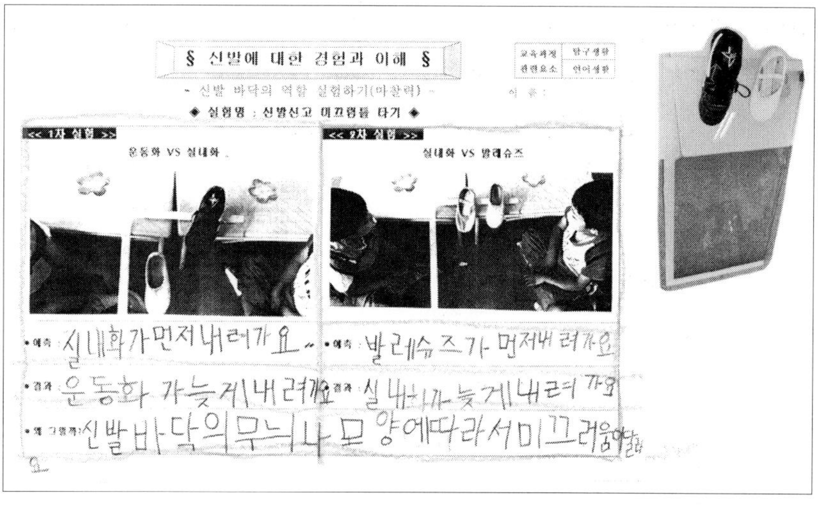

(4) 어린이들의 수 발견

어린이들이 관찰한 것 중에 하나가 신발마다 밑바닥에 적혀 있는 신발의 치수였다. 어린이들은 이 숫자들이 적혀 있는 이유가 '자기 신발인지 알게 해준다', '어린이들이 자기 사이즈인지 알게 해준다', '큰 신발인지 작은 신발인지 알려준다' 라고 이야기하였다. 실내화나 신발 밑바닥에 적혀 있는 숫자에 대한 궁금함을 풀어 보기 위해 신발 한 종류를 정하였다. 그것은 실내화가 좋겠다는 의견이 나왔고, 이유는 실내화는 교실의 어린이 모두가 신고 있으며 모양이나 디자인도 거의 비슷하기 때문이었다. 먼저 어린이들은 실내화에 있는 170, 190 숫자를 보고 서로 같은 친구, 다른 친구끼리 모아 보기로 하였다. 180이 적혀 있는 실내화끼리, 170, 180, 195가 적혀 있는 신발끼리 줄지워 놓고 우리 반에서 가장 많은 어린이가 신고 있는 실내화의 치수를 알아보았다. 어린이들은 실내화를 분류하는 과정에서 한 가지 준거를 적용한 분류가 가능했고, 크기 순으로 분류하는 능력을 보였다. 분류해 보자는 활동은 교사가 먼저 제안하였지만 같은 숫자가 적힌 실내화끼리 모아 보자는 준거는 어린이들이 스스로 선정하였다. 이 활동을 통해 실내화의 공통된 속성들의 관계를 찾아볼 수 있는 사고의 기회를 가질 수 있었다.

먼저, 자기 실내화의 숫자를 말하여 종이에 적어 보고, 가장 작은 숫자인 170부터 A4 크기 종이에 하나씩 크게 적고 교실 바닥에 차례대로 놓아두었다. 한 명씩 나와 자기 실내화에 적힌 숫자와 같은 자리에 가지런히 줄지어 놓았다. 실내화에 적혀 있는 숫자대로 분류해 본 결과 반 전체에서 170mm은 1명, 175mm은 4명, 180mm은 8명, 185mm은 2명, 190mm은 2명, 195mm은 4명, 200mm은 3명, 210mm은 2명으로 나왔다. 가장 많은 어린이가 신고 있는 실내화는 180mm가 적혀 있는 것이었다.

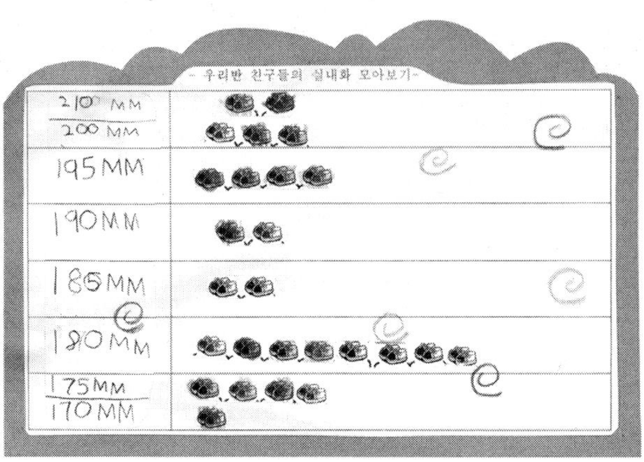

이러한 순서짓기는 한 속성의 차이점을 인식하고 차이의 정도를 분별하여 배열하는 과정이 요구되는데 이러한 배열은 크기의 순서를 반영한 규칙이었다.

어린이 1 내 실내화는 180mm이라고 써 있어, 그럼 여기 맨 앞에 두어야지.
어린이 2 아니야, 180mm은 저기 한곳에 줄지어 있으니까 저쪽에 차례대로 두어야 해.
어린이 3 모은 실내화를 보니까 줄 순서에 있는 실내화 숫자들이 160, 165, 170, 이렇게 점점 커지고 있어.
(어린이들은 mm을 영자 발음대로 엠엠이라고 읽었다.)

순서짓기 활동은 대부분 교사가 제시한 준거에 따라 순서짓기를 하도록 요구할 때가 많았지만 신발 프로젝트에서는 어린이들 자신이 적힌 숫자대로 모아 보자는 준거를 결정하여 순서짓기를 할 수 있어서 다양한 인지적 사고를 할 수 있는 활동이 되었다.

(5) 실내화로 길이 측정

어린이들은 숫자가 같은 친구끼리 모인 신발을 비교해보며 그 크기가 같다는 것을 발견하였다. 교사는 같은 크기의 실내화를 이용한 활동이 없을까 생각하여 실내화로 길이 재기 활동을 제안하였다.

어린이 1 우리 170mm 실내화 그룹은 교실 책상을 재어 보자.
어린이 2 우리 180mm는 더 재미있게 친구 키를 재어 볼꺼야.
어린이 3 실내화를 놓을 때는 삐뚤어지지 않게 차례 차례로 줄을 지어 놓아야 해.

길이를 재어 볼 대상을 '네모책상, 친구의 키, 교구장'으로 정해 실내화로 길이를 재어 보았다. 교실의 책상은 190mm 실내화 6개가 필요했고, 친구의 키를 재어 보았을 때는 180mm 실내화 7개가 필요하였다. 길이 재기 활동에서는 실제 측정도구를 사용하기보다는 작고 익숙한 실제 물체로 큰 물체를 재어 보는 활동으로 시작되어야 한다. 어린이는 직접적 측정을 통해 구체적 사물의 길이 개념을 구별하게 된다.

교　사 민수의 키는 실내화가 몇 개 필요했니?
어린이 1 6개가 필요했어요.
교　사 그러면 민수의 키와 같은 길이는 뭐가 있을까?
어린이 2 그러면 실내화 6개를 가지고 길이를 재어 보면 찾을 수 있어요.

어린이들은 실내화로 길이를 재어 보면서 길이가 긴 물체에는 실내화가 길게 나열되는 것을 보며 기뻐하기도 하며 자신이 잰 길이가 제일 길다고 좋아하였다. 이와 같은 활동을 통해 어린이들은 '보다 긴, 보다 짧은' 이라는 다양한 수학적 측정을 경험할 수 있었다. 측정 활동은 자신의 신체, 교실의 사물과 표준화된 단위를 사용하여 측정하는 것을 학습하도록 연속성있게 계속적으로 준비되어야 한다. 교사는 유아가 스스로 측정도구를 사용할 수 있도록 격려해주고 필요에 따라 도움을 주었다.

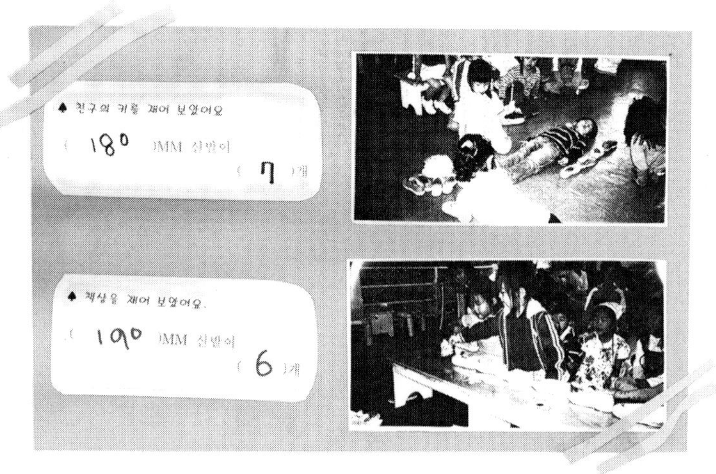

유아가 표준화된 단위의 필요성을 인식하게 되면 다음과 같은 교육 내용을 중점적으로 다루어질 수 있다.

- 단위를 적용하면서 대략이라는 용어를 사용한다.
- 자를 적절하게 사용하고 자의 표시를 해석한다.
- 일반적인 길이 단위에 익숙하여 그 방법에 의하여 어림잡기를 한다.

- 단순한 표준화된 단위간의 관계를 설명한다.
- 표준화된 단위는 일정한 체계에 의하여 기록하는 것을 안다.

측정은 단위를 사용하여 물체의 연속적인 양을 정하는 과정이다. 필요에 따라 교사가 도구 사용법과 사용 기술을 알려준다. 조금 어려워하는 어린이들이 활동 목적을 달성하는 과정에서 도구 때문에 방해받지 않게 하기 위해 교사는 필요한 도움과 안내를 해 주었다. 친구들과 같이 프로젝트를 참여함에 있어서 이해가 되지 않는 어린이들이 속상해 한다는 것을 알기 때문이다.

또한 교사는 논쟁을 가설검증으로 바꾸어 줄 수 있어야 한다. 어린이들 스스로 논쟁을 해결하도록 격려해준다. 어린이들은 신발을 이용하여 여러 가지 사물의 길이를 재어 보는 활동을 하였고 실내화로 길이를 잴 때 180mm, 185mm 등 같은 숫자가 표시되어 있는 실내화끼리 모아서 길이를 재어 보는 조건을 두었던 점은 실내화의 길이와 연관을 두었기 때문이다.

어린이 1 왜 네 신발과 내 신발은 모양은 같은데 숫자가 다를까?
어린이 2 내 발이 더 크니까 숫자가 큰거야.
어린이 1 발이 크면 숫자가 큰거야?
어린이 2 그럴지도 몰라.

교사들은 어린이들이 신발의 치수와 발의 크기에 대한 관계를 찾을 수 있는 환경을 제공해 주기 위한 회의를 하였다. 어린이들은 서로 치수가 다른 신발의 밑바닥을 마주 대어 보며 정말 길이가 다른지 비교해 보기도 하였고, 자기 신발보다 큰 치수의 신발을 신어 보는 등 신발 밑바닥에 적힌 숫자와 발의 크기에 대한 관계를 찾아나가기 시작하였다. 먼저 손뼘으로 실내화의 길이를 재어 보기도 하고, 또 종이에 다양한 크기의 신발을 올려놓고 신발의 처음과 끝을 연필로 표시하여 서로 비교해 보기도 하였다. 이러한 측정을 하면서 어린이들은 자기의 손뼘으로 170, 180, 190 등 다양한 치수의 실내화를 재어 보았다. 처음 실내화를 손뼘으로 잴 때에는 실내화의 치수에 관계없이 모두 한 뼘이라고 얘기했다. 그러나 한 뼘으로 재고도 약 2cm정도 더 남은 실내화를 들고와서 "이 실내화는 한 뼘보다는 더 커"라고 이야기하였다. 손뼘으로 잼을 경우 길이를 정확하게 잴 수 없고 측정한 결과가 서로 다르다는 것을 경험하였다. 이러한 경험을 통해서 어린이들은 신체 단위의 제한점을 이해하였고, 다른 측정 도구가 필요함을 느끼게 되었다. 어린이들이 종이에 170mm 크기의 실내화와 180mm 크기의 실내화를 올려놓고, 처음과 끝을 표시하여 길게 잘라서 서로 대어 보고 비교해 본 후, 170mm 크기의 실내화보다 180mm 크기의 실내화가 더 크다는 것을 눈으로 확인할 수 있었다. 그러나 각각의 길이가 얼마라는 정확한 수리적 치수를 말할 수는 없었고, 실내화의 치수와 발의 크기에 대한 관계는 찾을 수 없었다.

어린이 1 우리 실내화를 자로 재어 보자.
어린이 2 자는 길이를 잴 때 쓰는 거야.
어린이 1 그래. 자로 재어 보자.
어린이 2 선생님! 자 좀 빌려주세요.
교 사 자는 왜 필요하니?
어린이 1 신발 길이를 재어 볼 거예요.
교 사 자로 길이를 어떻게 재지?
어린이 1 자를 신발에 대어 보면 돼요.

어린이들은 교사에게 빌린 자를 들고 실내화의 밑바닥에 대어 보았다.

어린이 1 그런데 어떻게 재야 해?

어린이들은 자를 들고 실내화에 이쪽저쪽 대어 보았다. 자를 사용하면서 모든 문제가 해결될 거라 생각했지만 자를 사용하는 방법을 몰랐기 때문에 정확한 길이를 잴 수 없었다.

프로젝트가 잘 진행되고 있지 않다고 느껴질 때는, 이 문제가 단순히 혼란이나 의견의 불일치가 아니라 가설 검증과 아이디어의 지적 비교의 가능성이 있는 인지적 불균형의 순간이어야 한다고 생각한다. 그리고 교사는 문제를 찾아내서 어린이들이 주의를 기울이게 하여 그 문제가 다음의 활동에 출발점이 되게 해야 한다.

교사는 현재 어린이들의 발달 단계에서는 자를 사용하는 것을 어려워하는 어린이들이 있을 거라고 생각하였다. 그러나 어린이들은 신발의 길이를 재는 것에 자가 꼭 필요하고 사용하기를 원했으므로 교사는 어린이들이 자를 사용할 수 있도록 자의 사용 방법에 대한 정보를 자세히 제공해 주기로 하였다. 어린이들에게 자를 사용하는 방법을 알려주기 전에 먼저 자를 관찰할 수 있도록 하였다. 교사는 어린이들이 아직 알지 못하는 것이 무엇이며 아직 할 수 없는 것이 무엇인지, 그리고 필요한 기능과 지식을 획득하는 데 도움을 주는 최적의 수단이 무엇인지에 대한 이해를 바탕으로 목표를 수정해 나갔다.

자에 대한 어린이들의 관심을 고조시키기 위해 교사는 미리 각 영역에 자를 이용한 다양한 활동을 할 수 있는 환경을 구성해 두었다.

- 탐구 영역-키 재는 벽면자, 신장계 등
- 미술 영역-여러 가지 모양자, 삼각자 등
- 조작 영역-줄자, 리본끈 등

제 6차 교육과정에 보면 창의성과 정보능력 함양교육을 강화하고 있다. 정보능력 함양을 위한 강조점으로 사회생활 영역에서는 "정보자료에 관심 가지기" 라는 내용이 있어 어린이로 하여금 관심 있는 자료 모아 보기, 생활정보나 시사자료 등은 책, 사진, 컴퓨터 등을 활용하여 찾아보는 방법을 알아보게 하며 알아낸 정보를 다양한 방법으로 활용해 보도록 하고 있다.

● 사회생활-정보 자료에 관심 가지기

내 용 1수준 : 관심 있는 것에 대한 자료를 모아 본다.

2수준 : ㉠ 필요한 정보를 찾는 방법을 알아본다.

㉡ 간단한 정보자료를 활용해 본다.

1차적 정보원 : 어린이들 자신이나 다른 사람들의 직접 경험으로부터 얻는 학습

- 기존에 알고 있던 사전지식
- 어린이들의 자에 대한 직접 경험
- 놀잇감, 일상생활 속 등 자를 본 경험

2차적 정보원 : 다른 사람에 의해 제공 또는 준비된 자료로부터의 간접적 학습

- 초등학교 수학 교과서를 통해 획득한 정보
- 책, 소책자, 영화, 컴퓨터 인터넷 자료
- 자를 이용한 다양한 측정에 대한 경험

(6) 자의 관찰과 사용

언어 전달과 가정통신문으로 어린이들에게 각자 자를 가져오도록 하였다. 각자 가지고 온 자는 크기와 길이도 달랐고, 자에 표기된 숫자와 모양도 조금씩 달랐다.

어린이 1 와, 내 자가 네 자보다 길다.
어린이 2 나는 30까지 있어.
어린이 3 나는 너보다 짧아. 15까지밖에 없어.
어린이 4 선생님, 나는 숫자가 없어요. 줄 밖에 없어요.

각자 가지고 온 자들은 길이도 달랐고, 숫자와 모양도 조금씩 달랐다. 어린이들이 0, 5, 10…… 처럼 '5의 배수' 단위로 표기된 자 표기와 숫자가 없고 눈금만 있는 자는 무엇을 말하는 것인지 혼동이 되어서 먼저 자에 대한 규칙성을 찾아보기로 하였다. 다양한 자 중에서 눈금 표시가 분명하고 숫자가 0부터 끝까지 잘 나와 있는 25cm 자를 표준자로 정하고, 자를 복사해서 종이 위에 옮겨 보는 활동을 제안하였다. 어린이들은 자가 복사된 종이를 하나씩 받아들고 자세히 관찰하고 자를 그대로 그려 보았다.

어린이 1 하나, 둘, 셋, 넷…… 우와~ 작은 선이 굉장히 많아요.
어린이 2 어, 그런데 짧은 선도 있고, 그것보다 조금 긴 선도 있어요.
교 사 그 작은 선은 눈금이라고 말해.
어린이 2 숫자도 있어요.

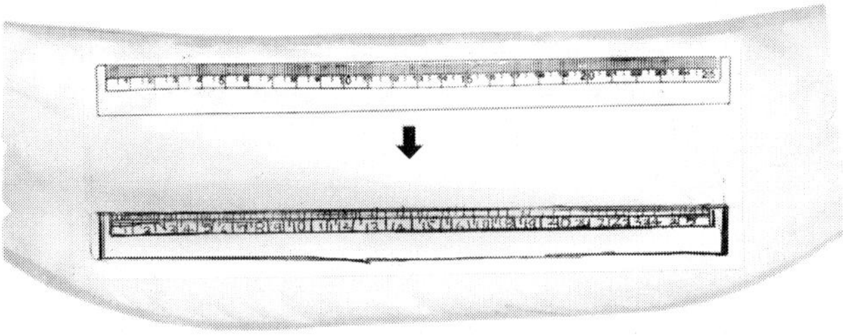

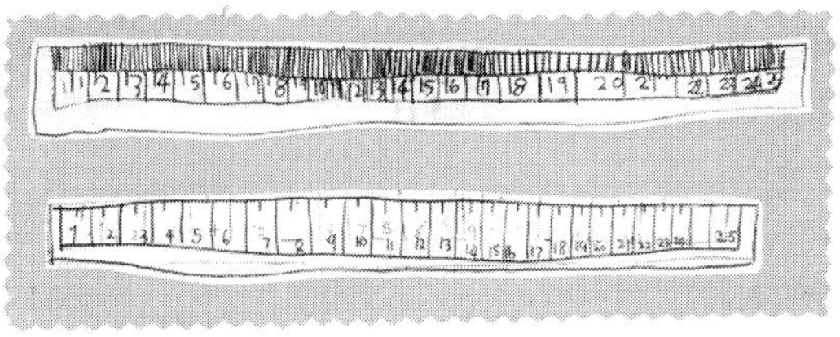

교사의 제안에 어린이들은 복사된 자를 보며 자를 그리기 시작했다. 하지만 어린이들이 그린 자에는 숫자도 끝까지 적혀 있지 않았고, 눈금도 없었으며, 눈금이 있다 해도 눈금의 규칙성을 발견할 수가 없었다. 교사는 자의 규칙성을 어린이들 스스로 찾아볼 수 있도록 "그럼 우리 친구들이 실제의 자를 서로 비교해 보는 건 어떨까?" 라는 발문을 하였다. 그러자 어린이들은 자신들이 그린 자 위에 실제의 자를 올려놓고 비교해 보면서 자신들이 그린 자와 실제의 자가 많이 다름을 알아낼 수가 있었다.

어린이 1 선생님, 내가 그린 자에는 눈금이 넓어졌다가 좁아졌다가 그래요. 근데 진짜 자에는 똑같아요.
교 사 뭐가 똑같은데?
어린이 1 (손가락으로 실제 자의 숫자 3과 4 사이의 작은 눈금을 가리키며) 보세요. 여기서 여기까지 모두 똑같잖아요.
교 사 눈금과 눈금 사이의 간격이 똑같다는 말이구나.

어린이들은 말로 표현하는 것에 어려움이 있었으나 숫자와 숫자 사이의 작은 눈금이 모두 같은 간격으로 있다는 것을 눈으로 확인하였다.

어린이 1 선생님, 눈금이 많아요.
교 사 많다고? 얼마나 많니? 1과 2사이에 있는 눈금을 세어 보자.
어린이 1 (손가락으로 눈금의 개수를 세어 보며) 하나, 둘, 셋…… 선생님! 11개 있어요.
어린이 2 어! 나는 10개야.
어린이 1 아니야. 11개야. 너는 왜 10개야? 틀렸어. 선생님 내가 맞죠?

어린이들은 각자 눈금의 개수를 세어 보았으나 서로 다른 결과가 나온 것에 대해 궁금해 하였다. 어린이들은 자의 눈금을 처음 셀 때 눈금의 개수를 세어 보니 11줄이 나왔었다. 그러나 눈금의 줄과 줄 사이 한 칸씩 세었을 때는 10칸이 나왔다. 서로 자신이 세어 본 개수가 맞다고 주장하였다. 그때 교사는 어린이들이 어떤 방법으로 세었는지 질문하였다.

어린이들은 자를 관찰하는 활동이 심화될수록 많은 어려움에 직면하게 되었다. 자의 0부터 수를 세기 시작할 때는 0을 세지 않고 다음부터 수를 읽어야 한다는 원리를 어떻게 찾아내는가 하는 것이 또 하나의 문제점이 되었다.

어린이들은 작은 눈금과 눈금 사이를 요철 모양으로 그려가며 세어나갔다. 자에 있는 많은 눈금은 일정한 개수로 반복된다는 것을 알게 된 어린이도 있었고 눈금을 잘 이해하지 못하는 어린이들은 친구들에게 물어보며 같이 자를 관찰하는 모습도 보였다.

자를 관찰한 어린이들은 자로 실내화를 재어 보기로 하였다. 실내화를 자로 재는 과정에서, 자로 길이를 잴 때 어디서부터 재어야 할지 모르는 어린이가 많았다. '0부터 재어야 한다'는 어린이, '1부터 재어야 한다'는 어린이, '자의 끝부분부터 재어야 한다'는 어린이 등 몇 가지 아이디어를 제시하였다. 자의 끝부분(숫자와 눈금이 시작되기 전의 자의 모양의 끝부분)부터 재었을 경우에는 우리가 읽을 수 있는 숫자가 없기 때문에 안 된다고 하였다. 자의 눈금이 처음 시작되는 부분부터 실내화의 앞축을 맞추어 놓고 재었을 때는 실내화의 뒤축까지 따라가 자의 숫자를 확인해 보니 숫자가 있었다.

자를 잴 때 1부터 재야 한다고 생각했던 어린이들은 실내화의 앞축에 1을 맞춰서 재었다. 그러나 숫자 1의 앞에는 또 0부터 시작된 눈금들이 남아 있었기 때문에 1부터 재는 것이 무언가 잘못된 것이라고 말하였다.

숫자 '0'이 표기되어 있는 자를 가진 어린이가 숫자 1의 자리부터 길이를 재었던 친구의 자를 가리키며 "네 자에는 여기 눈금이 처음 시작되는 곳에 숫자 0이 안 적혀 있어" "이것 봐, 내 자에는 0이라고 적혀 있잖아" 라고 말하였다. 이미 자마다 눈금의 크기가 같고 숫자의 자리도 같다는 것을 관찰했던 어린이들은 두 개의 자를 서로 맞대어 보며 자신들의 자 눈금의 시작 부분이 한 어린이가 가진 투명자에 적힌 0과 같다는 것을 쉽게 인정하였다.

레지오 에밀리아 교육자들은 교사의 역할이 '무엇을 해야 하는지 안내해 주는' 확실한 정답이 있는 쉬운 역할이라고 여기지 않지만 필요에 따라 때로는 도구 사용법과 사용 기술을 알려주기도 한다. 왜냐하면 어린이들이 프로젝트의 목적을 달성하는 과정에서 재료 때문에 방해를 받지 않게 하기 위해 필요한 도움과 안내를 주는 것이라고 생각하기 때문이다. 교사가 어린이에게 새로운 수준의 기능을 가르치고자 할 때는 그 학습 과제가 어린이가 가진 현재의 능력과 조화를 이룰 수 있도록 세심히 배려하여야 한다. 어린이가 이미 어느 정도는 구사할 수 있는 어떤 기능을 적용할 수 있을 때에 그들은 보다 자신감을 가지고 독립적으로 활동하고 의사 결정을 내릴 수 있다. 그리고 문제가 생겼을 때 이를 잘 파악하여 해결할 수 있으며, 창의력을 발휘하여 그 기능을 효과적으로 적용할 수도 있다. 교사는 어린이들이 새로운 도구의 사용 방법을 알 수 있도록 자의 눈금을 읽는 방법과 재는 방법을 같이 찾아보기로 하였다.

① 자 재는 방법 알아보기

자는 숫자 0에서부터 잰다는 것을 알게 된 어린이들은 교사와 함께 인터넷에서 자를 재는 방법을 알아보았다.

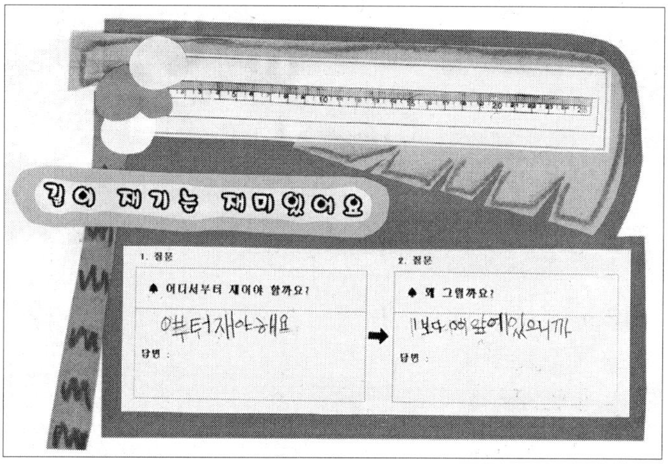

● 자를 재는 방법

1. 자를 재려는 사물 위에 올려놓는다.
2. 재고자 하는 길이의 한쪽 끝에 자의 0에 눈금을 맞춘다.
3. 길이의 끝부분을 가리키는 자의 눈금의 자리 수를 읽는다.

● 우리가 정한 자 재는 방법

1. 물건을 가져 온다.
2. 길이를 재려는 물건에 자를 댄다.
3. 숫자 '0'을 물건의 앞쪽에 맞추어 댄다.
4. 물건의 마지막에 가장 가까운 숫자를 읽는다.
5. 물건이 숫자보다 튀어나왔을 때는 작은 눈금을 자세히 세어 보고 몇 개인지 읽는다.

자를 재는 방법을 알게 된 어린이들은 교실의 여러 가지 교구나 물건들의 길이를 재어 보면서 길이를 재는 방법에 대한 다양한 경험을 하게 되었다.

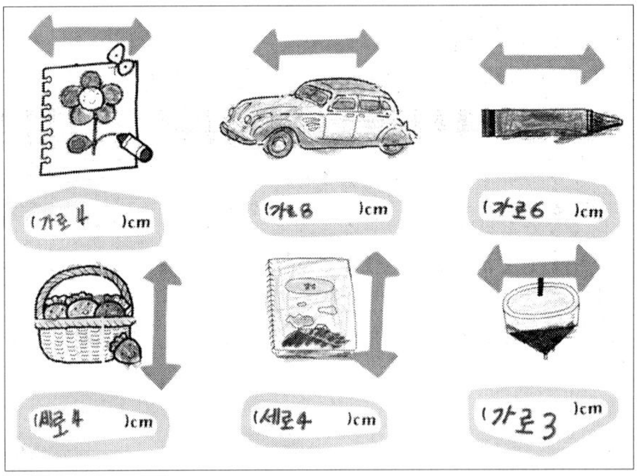

'실내화의 바닥에 적혀 있는 숫자가 발의 길이가 아닐까?' 라고 예상했던 어린이들은 실내화와 발의 관계를 알아보기 위해 자를 사용하는 방법을 계속 알아보고 경험하였지만 어린이들은 점점 자를 재는 활동에만 흥미가 고조되었고, 처음 가졌던 신발의 치수와 발 크기의 관계에 대해서는 관심이 줄어든 것처럼 보였다. 교사는 신발의 치수와 발의 크기에 대한 관계를 알아보는 것으로 어린이들의 흥미를 다시 전환시켜야 할 필요성을 느끼게 되었다.

그러던 중 교사는 한 어린이가 자로 자신의 실내화를 들고 이곳 저곳의 길이를 재어 보고 있는 모습을 발견하였다.

교 사 너는 지금 무엇을 재고 있니?
어린이 1 내 실내화를 재고 있어요.
교 사 네 실내화의 길이는 얼마나 되니?
어린이 1 처음에 잴 때는 18이었는데 다시 재니까 19예요.
교 사 그럼 정확히 얼마인지 선생님과 함께 재어 보자.

교사가 어린이들과 함께 실내화의 처음 시작부분과 끝부분을 맞춰 재어 보았더니 눈금의 숫자가 18cm에 가까웠다.

어린이 1 선생님! 내 신발에는 180이라고 되어 있는데 자에서는 18이에요.
어린이 2 (옆에 있던 어린이를 불러와 그 친구의 실내화를 재어 보고는) 나는 19같아요. 그런데 내 신발에는 190이라고 적혀 있어요.

어린이는 실내화와 밑바닥의 숫자가 관련성이 있다는 것을 느꼈으나 어떠한 관련성이 있는지 정확히 알 수는 없었다.

교 사 숫자 180이라고 적혀 있는 실내화는 자로 재어 보니 18이 나오고, 190이라고 적혀 있는 실내화는 19라는 숫자가 나오는구나.
어린이 2 그러면 다른 실내화도 모두 똑같을까?

교사는 어린이들이 신발 밑바닥의 숫자가 신발의 길이라는 것을 알아보기 위해 다함께 자신의 실내화를 측정해 보기로 했다.

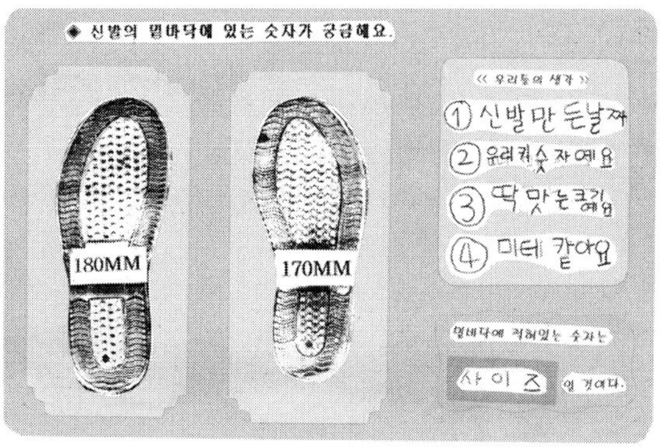

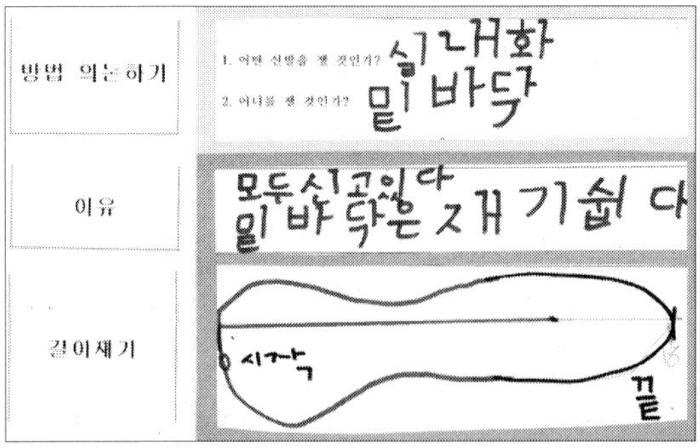

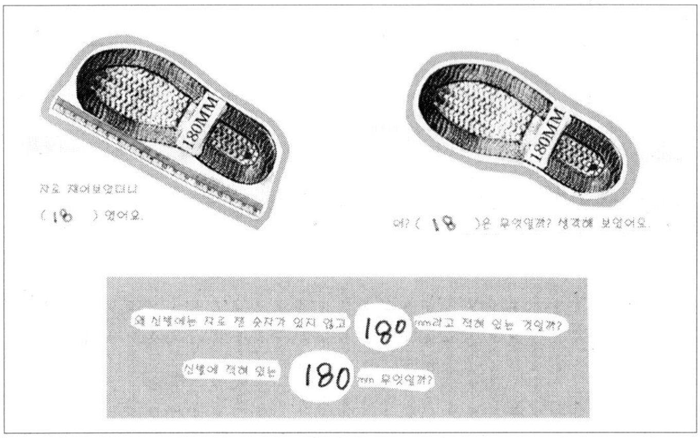

실내화의 길이를 재기로 한 어린이들은 자신의 실내화를 들고 길이를 재기 시작했다. 어린이들은 자신의 실내화의 측면, 밑면, 윗면 등 여러 부분의 길이를 재어 보고 있었다.

어린이 1 어디를 재어야 하지? 자로 재어 보니까 숫자가 다 달라.
어린이 2 나는 옆부분을 쟀어. 근데 나도 밑에서 재니까 길이가 달라졌어.
잴 때마다 길이가 달라져요. 어디를 재야 하는지 선생님이 가르쳐 주세요.

실내화의 길이를 재던 어린이들은 실내화의 어느 부분을 재어야 할지 교사에게 물어보았고, 교사는 어린이들과 그 문제에 대해 어느 부분을 잴 것인지 대한 이야기를 나누었다.

어린이들과의 토의를 통해 신발의 밑바닥의 길이를 재기로 하였다. 밑바닥은 신발의 가장 긴 부분이며, 이 부분을 재기 위해서는 신발의 밑바닥 부분이 가장 평평

하여 재기 쉽다는 결론을 얻게 되었다. 어린이들이 프로젝트 활동에 관한 일련의 결정을 내림으로써 자신의 활동에 대해 주인 의식을 가지고 적극적으로 참여하게 된다. 이를 통해 어린이들은 자신들의 활동에 긍지를 갖게 되고 또 자신의 일이 인정 받는다는 점에 만족을 느끼기도 한다.

(7) 상징화의 주기

주기 1. 자를 사용하여 cm, mm 단위 경험하기

실내화의 180mm과 190mm의 의미

어린이들이 생각해 낸 아이디어 중에 '180mm는 자에 있는 수많은 작은 눈금들이 아닐까?' 라는 가설이 있었다. 먼저 자신의 자에 있는 눈금을 하나씩 재어 보다가 눈금이 잘 보이지 않아 7~8개에서 세는 것에 그치곤 하였다. 또 교사가 복사해 준 자의 눈금도 마찬가지였다. 연필을 가지고 한 칸씩 짚어가며 세어 보았지만 몇몇 어린이를 제외하고는 눈금 간격이 좁아 헷갈려 하고 도중에 중단하는 어린이가 대부분이었다. 이때, 한 어린이가 돋보기를 사용하자는 의견을 제시하였다.

어린이 1 돋보기가 필요해.
어린이 2 맞아, 돋보기로 보면 크게 보이니까 눈금을 잘 볼 수 있어.

어린이들은 돋보기가 필요하다고 하여, 자료실에 있는 돋보기를 들고 와서 재어 보았다.

돋보기로 눈금을 크게 확대하여 눈금을 세어 보았지만 길이가 길어질수록 눈금이 너무 많아서 세어 보다 다시 중단하거나 숫자를 잘 세는 어린이들도 숫자를 세다가 눈금을 한 칸씩 밀려서 정확하게 셀 수 없었다. 어린이들이 "선생님, 너무 많아서 못 세겠어요"라고 이야기하였다.

교사는 자의 눈금이 너무 많고 어린이들이 눈금 수를 세기에는 어려움이 있다고 생각하였다. 어린이들이 생각한 돋보기를 아이디어로 자의 0부터 1까지를 확대하여 복사해 주어 돋보기로 관찰하는 것과 같은 활동을 제시해 주었다.

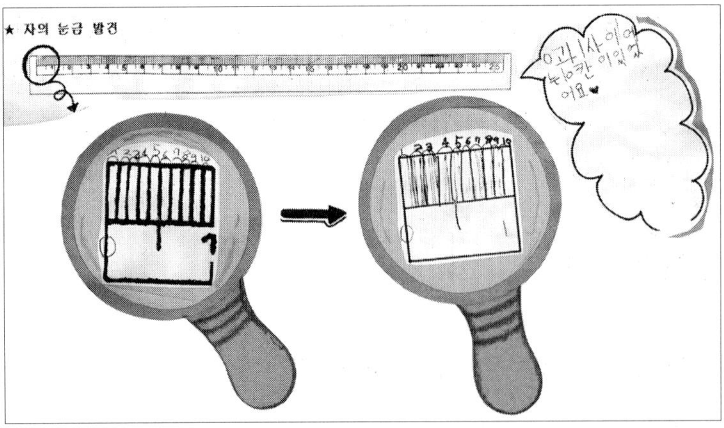

자를 확대한다는 것은 즉, 상징에 대한 상징을 만든다는 것은 결코 사소한 일이 아니었다. 단지, 단순히 활동을 하고자 하는 과정에서 벗어나 자를 복사하여 관찰하고 따라 그리면서 사회에서 통용되는 측정도구의 규칙에 대해 서서히 이해하게 되었다.

교사는 어린이들 스스로 문제를 해결하고자 다양한 의견을 제시하고 수행해 나가는 과정을 높이 평가하였다. 측정 활동은 소극적으로 관찰하는 것이 아니라 어린이가 스스로 실제 행하고 실험하는 활동으로 전개되어야 한다. 이러한 상징화의 과정을 거치면서 어린이들은 프로젝트에서 다루어지는 개념과 프로젝트의 맥락을 이해할 수 있게 된다.

주기2. 자의 눈금 1cm 간격으로 나누어 세어 보기

자를 확대하여 눈금의 수를 세어 보는 과정에서 눈금 수가 너무 많아 어려움을 느끼는 어린이들이 많았다. 한 어린이가 "눈금이 너무 많으니까 나와 다른 친구와 나누어서 세었으면 좋겠어"라고 말하였다. 그리고 눈금을 세다가 어디까지 세었는지 한 번 잊어버리면 다시 세어야 하는 불편함이 있다는 이유를 덧붙였다. 교사는 어린이의 아이디어를 지나치지 않고 어린이들의 대화에 참여하였다. 교사는 어린이들이 제시한 활동이 점점 한쪽 방향으로 흘러가지는 않는가? 숫자를 잘 세지 못하는 어린이들이 자칫 흥미를 잃게 되면 어떻게 될까? 하는 조바심이 났지만 어린이들의 활동에 참여하면서 기다려 주었다.

교 사 나누어 센다면 어떻게 나누었으면 좋겠니?

어 린 이 반반으로 나눠요.
어린이 2 숫자가 적혀 있으니까 숫자 하나씩 가지는 게 좋겠어.
어린이 1 그러면 나는 숫자 1할게.

어린이들은 숫자가 확대된 자를 숫자 하나씩 잘라 나누어 가졌다.

자의 숫자 0에서 1을 가진 어린이, 숫자 1에서 2를 가진 어린이, 2에서 3을 가진 어린이, 3에서 4를 가진 어린이…… 각각 한 명씩 자기가 가진 숫자에 이름을 적고 눈금이 몇 칸인지 세어 보았다. 모두 10칸씩 세어서 이름을 적고 눈금이 몇 칸인지 세어 보았다. 모두 눈금 10칸씩 세어서 들고 왔고, 숫자 순서대로 자의 원래 모양과 같이 나열하였다.

어린이 1 내가 가진 1은 10칸이야.
어린이 2 나도 10칸이야. 너도 10칸 나도 10칸. 우리가 가진 숫자는 모두 10칸이야.
어린이 1 10칸씩 세어 보니까 어렵지 않았어.

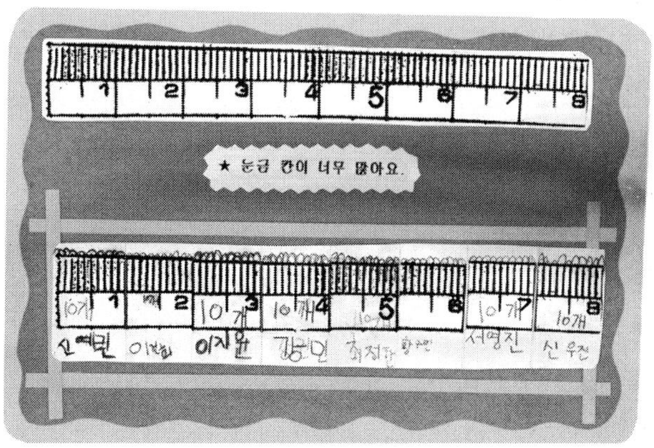

이것은 어린이들이 처음에 자 위에 반복적으로 나타나는 눈금에 대해 고려하지 않았던 것에서 발전하여 상징(자)에 대한 상징(확대자)를 만들어 봄으로써 자의 체제를 이해할 수 있었다. 어린이들은 지금까지 정규 수업 시간을 통하여 일반적으로 드러나는 능력보다 훨씬 광범위한 능력을 보유하고 있다는 인식이 점차 증대하고 있었다.

어린이들은 자를 확대하여 눈금을 세어 보면서 숫자마다 눈금이 10칸 있다는 것에 관심이 옮겨갔다. 신발의 길이를 재어 보려는 과정에서 어린이들의 관심이 자 눈금의 규칙성을 알아가고 있었다. 교사가 하는 일 중 어려운 일은 어린이들 스스로 최선을 다하고 반복해서 다시 생각할 만큼 어려운 문제가 있을 때 그것을 스스로 찾도록 돕는 것이다.

어린이 1 우리가 10개씩 세었던 눈금을 다 합하면 100개도 넘겠다.
어린이 2 그럼 우리 실내화에 적혀 있는 큰 숫자들이 자에도 숨어 있을지도 몰라.
교　사 그러면 너희가 말한 실내화의 180이나 190 이런 큰 자에 있다는 말이니?
어린이 1 우리가 찾은 눈금 10칸을 다 더해 봐요.

어린이는 자의 눈금 10칸을 다시 세어 합해 보자고 제안하였다. 자기가 가진 종이에 복사한 자를 들고 어린이들은 자를 확대하면서 자의 눈금을 잘 볼 수 있었기 때문에 자를 다시 한 번 크게 만들어 달라는 의견을 제시하였다.

교사는 자를 조금 크게 확대하여 어린이들에게 한 장씩 나누어 주었다.

확대한 자 그림에 0부터 1까지 눈금 ⑩칸, 1부터 2까지 ⑩칸 …… 17부터 18까지를 눈금 ⑩칸으로 눈금의 개수 10을 표시하고, ⑩+⑩+⑩+ …… +⑩씩 더해 보았다.

어떤 어린이는 18이라고 하였고, 또 다른 어린이는 1800, 18000 등, 10을 모두 더하면 180을 찾을 수 있을 거라는 어린이들의 예상과는 다르게 10을 더하는 덧셈식으로는 180을 찾을 수가 없었다. 어린이들은 서로의 답이 다르니 자신들이 더해서 얻은 답이 틀렸을 것이라고 생각했고, 답을 찾을 수 있는 방법을 궁리하기 시작하였다.

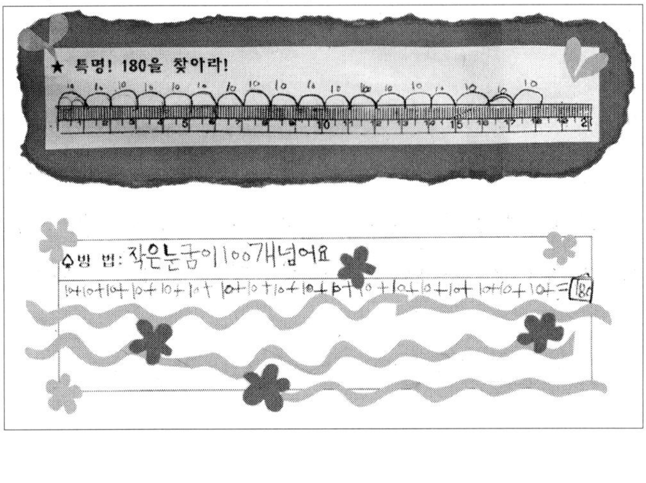

주기3. mm을 찾기 위한 대체물 활용하기

어린이들은 ⑩, ⑩, ⑩, ⑩ …… 을 숫자 10마다 동그라미로 표시하고 적어가면서 이것이 마치 동전 10원짜리가 모여 있는 것 같다는 말을 한 적이 있다.

어린이 1 마치 ⑩원짜리 동전이 모여 있는 것 같아.
어린이 2 우리 10원짜리 동전을 가져와서 세어 볼까?
어린이 1 그러면 한번 해 보자.

이 상징화의 묘미는 대체물을 사용하는 데 있다. 눈금이 10칸임을 표시한 ⑩과 10원짜리 동전이 비슷하니까 답을 찾을 수 있을 거라고 가정하고, 어린이들은 두 자리 숫자로 된 자릿값을 구하기 위해 동전 세기를 시도하였다. 자의 1cm 안에 눈금이 10칸 있다는 것을 이해한 어린이들은 1cm의 눈금 10칸은 10원짜리 동전의 의미와 같다는 것을 하나의 공식으로 정했다. 레지오 에밀리아에서 배울 수 있는 교훈은 어떻게 유치원 어린이들이 자신들의 생각, 관찰, 기억, 감정 등을 기록하기 위해 소위 도식언어(graphic languages)라고 하는 것을 사용하는가 하는 것이다(Rinaldi, 1991). 다시 말하면 눈금 10칸은 동전 10원과 같다.

어린이들은 동전을 생활 속에서 저금할 때, 용돈 받을 때, 간식 살 때 등 값을 치르고 거스름돈을 받으면서 많이 사용한다.

100+100=200, 200+100=300…… 과 같은 연산식 계산은 어려워하지만, 100원짜리 동전을 세 개 갖고 있을 때 100원, 200원, 300원이라고 차례로 세면서 100원짜리 3개는 300원이라고 말한다. 이와 마찬가지로 우리가 자에서 찾았던 눈금의 10칸과 같이 동전을 하나하나 나열해 놓았다.

자의 눈금 10칸을 ⑩이라고 표시했고 ⑩이 동전 10원짜리처럼 생겼다는 어린이들의 의견에 따라 10원짜리 동전을 10원, 20원, 30원, 40원…… 세어 나갔고 100원까지 잘 셀 수 있었다.

100원까지 세고 어디까지 세었는지 잊어버리지 않기 위해 한 팀에서는 종이에 100원이라고 연필로 적어 놓은 다음 나머지 동전을 더하여서 세었다. 110원, 120원, 130원…… 과 같이 동시에 말하며 180원까지 세었다.

어린이 1 우리가 가진 동전은 180이야.
어린이 2 우리는 180원을 가지고 있어.
어린이 1 우리가 찾는 180이랑 같아.

어린이들은 동전을 이용해서 눈금의 수를 세었더니 180이라는 숫자를 찾을 수 있었다. 그리고 같은 방법으로 170, 190도 찾을 수 있었다. ⑩+⑩+⑩+⑩+⑩+⑩+⑩+⑩+⑩+⑩+⑩+⑩+⑩+⑩+⑩+⑩+⑩+⑩ = 180 동전을 다시 한 번 차례대로 놓으며 서로서로 이야기를 시작했다. 그런데 눈금 10개씩 따로 세어놓고 10+10+10+……+10씩 더해 갈 때는 왜 180이라는 숫자가 안 나오는지에 대해 궁금해 하였다.

10을 18개 이상 더한다(+)는 것은 이 시기 어린이들이 가지고 있는 수 개념에서는 찾아내기가 어려웠던 것이다.

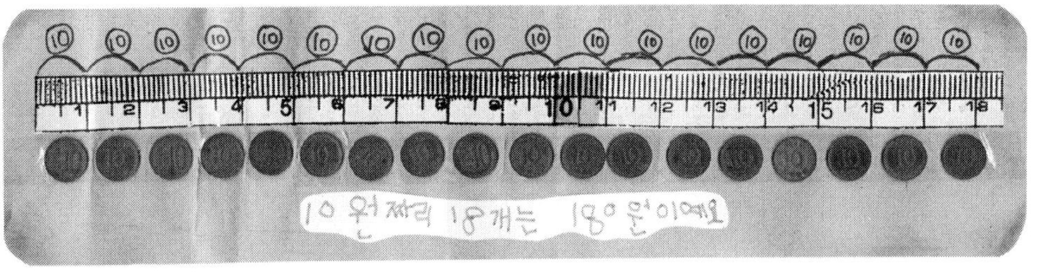

교사들은 회의를 하면서, 과연 어린이들이 작은 눈금을 세어 보는 것과 대체물을 활용해 보는 것 그리고 10을 10번 이상 더해서 100단위 이상의 답을 찾아내는 것을 유치원 어린이들이 어떻게 하면 이끌어 내고 찾을 수 있을까? 라고 고민을 하였다. 그리고 그들만의 방법으로 찾아나가는 이 시점에서 어느 정도까지 지켜 보고, 어느 부분에서 개입해야 할지에 대해서도 고민하게 되었다.

신발 프로젝트가 신발에 대한 관심보다는 신발 길이 재기에 초점이 맞춰져서 프로젝트의 진행이 잠시 느려지는 것을 느낄 수 있었다.

어떻게 극복할 것인가?

교사들은 프로젝트에서 상징적 표상(Symbolic representation)에 체계적으로 초점을 맞춤으로써 어린이들의 지적 발달을 도모하고 있다. 이 체제에서는 환경을 탐색하고 어린이 자신의 자연스러운 '언어' 또는 '표현 방식'을 통해 자신을 표현하도록 어린이들을 격려한다.

레지오 에밀리아의 교사들도 프로젝트의 가치가 불확실하고 예측하기 힘든 프로젝트를 실시하는 경우도 있다. 잘 되지 않을지도 모르는 흐름에 대한 프로젝트를 기꺼이 실시하려는 태도는 교사가 실험해 보고 또 실험도중 어떤 경험과 아이디어들이 떠오르는가에 대해 어린이들과 함께 알아보고 전념하는 것을 보여주기 때문이다.

주기4. 계산식 풀어가는 방법 찾기

교사들은 일단 어린이가 원하는 대로 지켜 보면서 프로젝트의 방향이 크게 벗어나지 않도록 하기 위해 노력하기로 회의를 하였다.

어린이들은 10+10+10+…… 의 수식을 다시 한번 적어 보고 10원짜리 동전으로 세어 보았을 때 나왔던 180을 찾아보기 위해 나름대로의 방법을 찾아나갔다.

어린이 1 야. 이것 봐 줄줄이 기차 같다.
어린이 2 꼭 수학책에서 본 덧셈 같아.
어린이 3 진짜다. 그럼 우리 글씨로 재미있게 덧셈을 한 번 만들어 보자.

어린이들은 종이에 동전에 적힌 10이라는 숫자를 적고 그 사이사이에 +기호를 넣어 하나의 긴 식(⑩+⑩+⑩+⑩+⑩+⑩+⑩+⑩+⑩+⑩+⑩+⑩+⑩+⑩+⑩+⑩+⑩+⑩ = 180)을 완성하였다. 10원짜리 동전이 18개가 모이면 180원이라는 개념을 경험했던 어린이들은 자신들이 만들어낸 긴 식을 풀면 180이 나올 것이라고 예상하였다.

어떻게 어린이들이 이렇게 긴 수식을 풀어나갈 수 있을까?

어린이들의 사고를 끌어내기 위해서는 많은 동기 유발이 필요하다. 교사는 지금까지 프로젝트에 참여했던 어린이 중에 10을 2개씩 묶어서 풀어 보자고 말했던 어린이, 묶어서 풀어 보자는 말이 무슨 뜻인지 이해했던 어린이 등 가장 적극적인 어린이 10명을 불러서 수식을 풀어 나가는 방법을 찾기 위한 사전 모의를 가졌다. 빨대를 이용해 10개씩 18묶음을 만들고 그것을 2묶음씩, 3묶음씩 더해 보는 활동을 해 보고, 그 외의 방법으로도 실제로 덧셈으로 풀어 보면서 이 소집단의 어린이들이 먼저 수식을 이해하고 풀어 나갈 수 있게 되었다. 한 어린이의 좋은 생각이 차후 활동의 촉매제가 되었다. 각 어린이가 좋은 생각을 제시해서 집단 상호 작용의 질이 향상되었고, 혼자서는 불가능한 새로운 것을 창안해 낼 수 있도록 그룹의 역할이 중요하게 작용하였다. 교사의 역할은 집단으로 탐구하는 상황에서 어린이가 가능하면 많이 참여하여야 하고 성장하도록 하는 것이다. 개개인의 어린이가 중요하지만 프로젝트를 수행하는 과정에서는 개인이 집단의 한 부분의 역할을 한다.

이런 의미에서 프로젝트의 주제나 내용보다는 어린이가 다른 어린이들과 함께 생각하고 느끼고, 일하고 발전해 나가는 과정이 더 중요시된다. 수식을 풀기 위한 새로운 그룹 편성에 참여했던 어린이들은 다시 기존에 형성되어 있던 각 그룹에 투입되었다. 사전 학습이 이루어졌던 이 어린이들이 투입되면서 그룹 어린이들과 함께 훌륭하게 해결할 수 있었다. 지금까지 이 어린이들은 실내화 밑바닥에 적혀 있는 기호 180mm를 찾기 위해 자를 이용했고, 자에서 얻었던 결과 18과 실내화에 표시되어 있는 180과의 연관성을 찾기 위해 1cm 안에 있는 작은 눈금들을 합해서 180을 찾아보는 일을 해내었던 것이다.

어린이 1 동전으로 세어 봤을 때는 180원이 나왔는데 긴 식을 풀려니까 너무 힘들어.
어린이 2 우리 반에 수학 제일 잘하는 민수에게 가져가서 물어보자.
어린이 3 (한참 이리저리 풀어 보다가) 나도 100까지는 알겠는데…… 그 다음에는 헷갈려.
어린이 1 그럼. 우리 선생님께 물어보자.

교사의 역할은 어린이들이 스스로 문제나 질문을 생각해 내도록 돕는 것이다. 이 시점에서 교사는 답을 주는 것이 아니라 어린이들이 문제에 집중해서 가설을 세우도록 돕는다. 교사의 목표는 '순조롭거나 쉽게' 가는 의미에서 학습을 촉진시키는 것이 아니라, 문제를 더욱 복잡하고 매력있게 만들어서 학습을 자극하는 것이다. 어린이들은 이 문제에 대해 집에 가서 부모님과 형에게 물어보기도 하고 계산식을 풀어 보는 경험을 하였다.

어린이들은 180mm를 찾기 위해서 다양한 활동(자의 눈금 개수 180개, 계산기로

180 찾기, 묶어서 180 연산하기, 10원짜리 동전으로 180 만들기)을 통하여 동일한 결과를 가져온다는 것을 알게 되었다.

어린이 1 우리가 그렇게 찾던 180을 이제야 찾게 되었어.
어린이 2 자의 작은 눈금을 세니까 신발 치수와 똑같아 진 것이 너무 신기했어.
어린이 3 그런데 눈금을 모두 세어 보는 건 너무 힘들었어.
어린이 1 그래도 10원짜리 동전으로 세어서 하니까 우리도 잘 셀 수 있었잖아. 나는 너무 재미있었어.

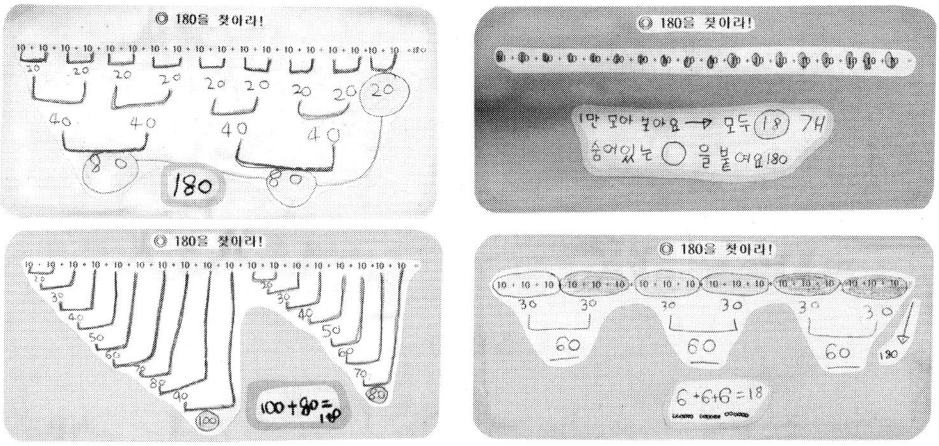

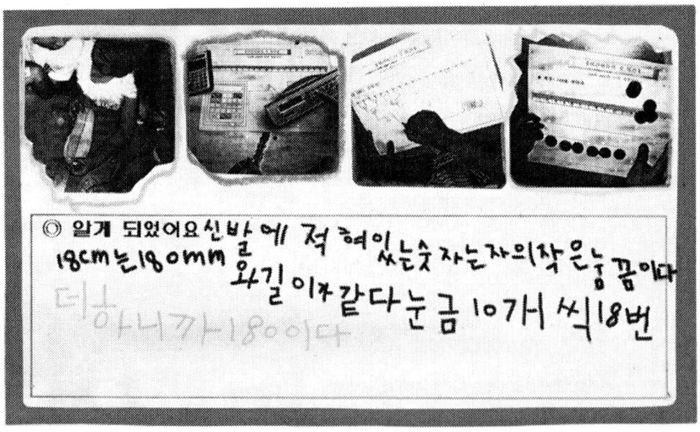

어린이들은 신발 밑바닥에 적힌 숫자 180mm이 자로 측정했을 때 나왔던 숫자 18과 일련의 관계가 있음을 마침내 이해하였고, 그것이 단위의 차이는 있으나 동일한 의미임을 깨닫게 되었다. 180mm 사이즈의 신발뿐 아니라 다른 다양한 사이즈 185mm, 190mm, 195mm 등도 같은 방법으로 자를 재어 보며 cm 단위의 숫자를 하나씩 찾아낼 수 있었다.

어린이들이 처음에 세웠던 가설

- 신발에 적힌 180mm는 자의 작은 눈금일 것이다.

↓

과 정

- 자의 눈금 수 세어 보기
- 동전(대체물)을 이용해 180 찾기
- 자의 눈금 개수 10개씩 세어 보기
- 계산기를 이용한 연산식 풀기

↓

결 과

- 신발에 적힌 180mm, 190mm 은 자의 작은 눈금 개수이다.
- 185mm의 의미는 자의 숫자 180에서 5칸 더 갔다는 의미이다.
- mm와 cm의 관계성을 이해한다.
- 10을 18번 더한 의미는 180mm이다.

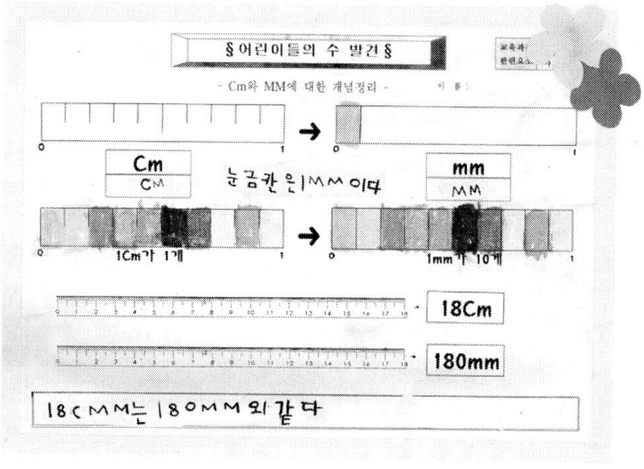

이와 같이 단위의 개념을 이해한 어린이들은 다른 측정 활동에서는 한 가지 고정된 방법에서 벗어나 대체물을 이용한 다양한 문제 해결 방법을 보였다.

신발 프로젝트를 통해 어린이들은 '수'의 개념에 대해 항상 민감하고 세밀하게 관찰할 수 있는 눈과, 많은 자신감을 가질 수 있었다.

195는 어떻게 찾을 것인가?

실내화 밑바닥의 숫자가 0이 아닌 5로 끝나는 치수, 예를 들면 185mm, 195mm와 같은 경우에는 자로 재어 봤을 때는 18cm, 19cm 보다 조금씩 더 길었다. 어린이들은 이것은 어떻게 읽어야 할지 어려워하였다.

어린이 1 185mm은 자로 재어 보니까 18보다 조금 더 길어. 그럼 이건 18이야? 19야?
어린이 2 19보다 길이가 모자라니까 19는 아니야.
어린이 3 숫자와 숫자 사이는 10칸이니깐 우리가 자세히 관찰해서 몇 칸을 더 갔는지 세어 보자.

어린이들은 눈금을 관찰하기 시작하였다. 눈금이 작아서 잘 보이지 않는다며 서로 불평을 하던 중, 한 어린이가 돋보기는 작은 것을 크게 보여 준다며 돋보기를 들고 와서 보았다. 확대된 눈금을 자세히 관찰해 보니 신발 길이 숫자 18보다 눈금 5칸이 더 있었다.

어린이 1 그러면 이건 뭐라고 읽지?
어린이 2 18보다는 5칸이 더 길어. 그러니까 8에서 5를 더해야 해.
어린이 3 아니야, 그럼 23이 되는 거잖아.
어린이 1 18보다 5칸이 더 간거니깐, 그럼 18에서 작은 5가 더해지는거네(18 + 5).
어린이 2 그럼 우리 195mm도 똑같이 5칸이 더 갔는지 자로 재어 보자.

어린이들은 195mm, 175mm 등 신발 숫자가 5로 끝나는 것을 모두 모아 같은 방법으로 재어서 모두가 숫자보다 5칸이 더 길다는 사실을 발견하였고, 어린이들은 그것을 '18 더하기 작은 5' 라 읽기로 약속하였다. 같은 방법으로 195mm는 '19 더하기 작은 5' 라 읽기로 하였다.

신발을 잴 때 180mm, 190mm 등 끝자리가 0으로 끝나는 것은 자에서 그 숫자만큼 읽는다는 것과 185mm, 195mm 등 끝자리가 5로 끝나는 것은 그 18, 19와 같은 숫자보다 눈금을 5칸 더 읽어야 한다는 것을 확인하였다.

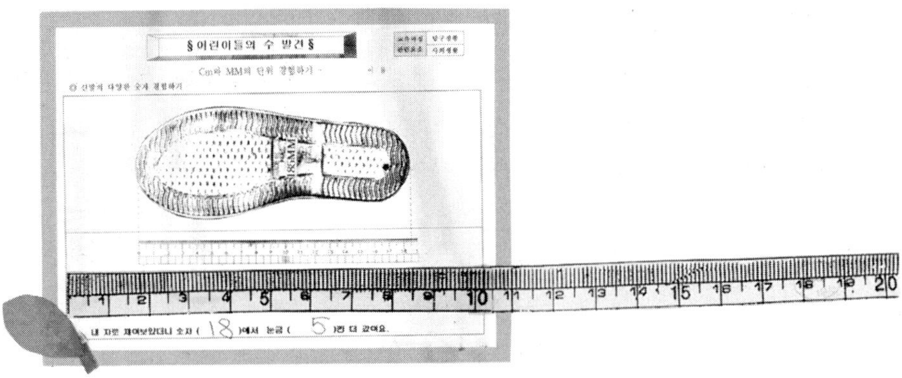

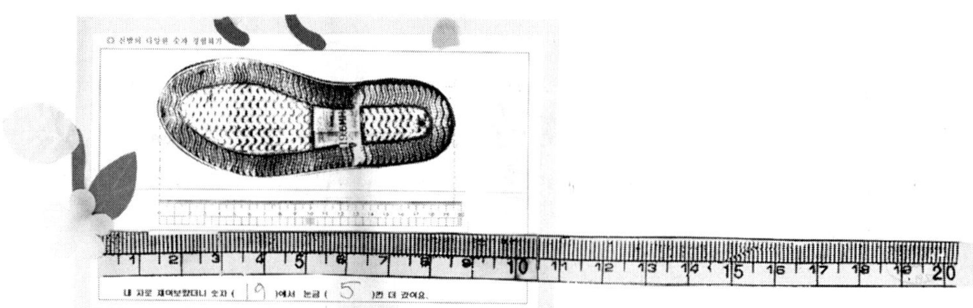

실내화의 길이 측정 활동을 통해 교사는 어린이들에게 수학적 개념과 기호를 익힐 수 있는 활동을 제시하였다.

자의 숫자는 0에서부터 1까지에 있는 작은 눈금 10칸 중 작은 한 칸은 mm, 그 작은 한칸 한칸이 모여있는 한 조각은 cm단위라고 한다는 것을 알아보았다. 실내화에 적혀 있는 치수 180mm를 자로 재어 보았을 때 측정되는 18cm와 180mm는 같은 길이이고, 180mm는 작은 칸의 개수 180개, 즉 mm의 의미이며 이 둘의 의미는 서로 같음을 알아보았다.

교사는 어린이들이 계속 활동을 할 수 있게 하고 어려움에 직면했을 때 해결할 수 있게 도움, 자원, 전략을 제공하는 동반자의 역할을 하고 있었다.

(8) 신발 제작 과정

측정의 개념을 경험해 보면서 어린이들은 자신들만의 신발을 직접 제작해 보자는 의견을 제시하였다. 각 그룹별로 만들고 싶은 신발의 모양을 이야기하던 중 한 어린이가 종이에 자신이 만들고 싶은 신발을 그림으로 표현하였다.

어린이 1 나는 축구를 좋아하니까 축구화를 만들고 싶어. 봐, 내 축구화 멋지지? 어두울 때 잘 보이게 불도 나와.
어린이 2 나는 인라인 스케이트를 만들고 싶어.
어린이 3 인라인 스케이트를 신발로 만들려면 바퀴가 필요해.
어린이 1 네가 그린 인라인 신발은 바퀴가 너무 멋져.

어린이들은 자신의 생각을 그림으로 표현해 보면서 서로의 생각을 그림으로 읽어 보았다.

어린이들은 다양한 신발 디자인을 그려 보고 서로서로 디자인을 보며 이야기를 나누었다. 다양한 디자인 중 어린이들이 가장 선호하는 디자인을 스티커 투표를 통해 선정하였다.

- 그룹1 : 기차처럼 길쭉한 인라인 스케이트
- 그룹2 : 로켓 발사 신발
- 그룹3 : 번쩍번쩍 야광 신발
- 그룹4 : 바나나 모양 청소하는 신발

각 그룹로 자세히 디자인을 관찰해 보며 신발을 만들려면 어떤 재료가 필요한지 이야기를 나누었다.

어린이 1 인라인 스케이트를 만들려면 바닥이 잘 굴려가야 해.

어린이 2 그럼 바퀴는 무엇으로 만들지?

어린이 1 요구르트 병으로 만들자.

어린이 3 그건 중간이 쏙 들어가서 잘 굴러가지 않을 것 같아.

어린이 2 그럼 우리 전에 과학실험을 했을 때 사용했던 검은 필름 통은 어때?

어린이 1 그래 그게 좋겠다.

어린이 2 이제 바퀴는 결정됐네. 그럼 몸통은 무엇으로 만들지?

어린이 1 그때 K2 신발 가게에 견학갔을 때, 아저씨께서 튼튼한 신발을 소가죽으로 만든다고 하셨어.

어린이 3 가죽은 어디서 구하지? 우리가 구할 수가 없어. 그럼 우리 바퀴 위에 가죽 말고 실내화를 붙여서 꾸미자.

어린이 2 인라인 스케이트는 발목까지 올라와야 하는데 실내화는 낮아서 다칠 수도 있어.

어린이 3 실내화 위에 딱딱한 것을 붙이면 되잖아.

어린이들은 서로의 아이디어를 존중해 가며 재료 선정을 하였다.

재료 선정 과정에서 어린이들은 손쉽게 구할 수 있는 것과 구하기 힘든 재료를 분류해 보며 가장 적절한 재료가 무엇이 좋을까에 대해 이야기를 나누었다. 어린이들은 우리 주변에서 다시 쓸 수 있는 재활용의 의미를 이해하고 있었으며 이것을 이용해 신발 리모델링을 위한 제작 과정을 계획하게 되었다.

신발 리모델링 제작은 그룹별로 각각 맡은 분야를 나누어 시작되었고, 어린이들은 마치 자신들이 디자이너가 된 것처럼 재미있게 만들어 활동에 참여하였다.

프로젝트 하는 동안 어린이들은 자신이 하고 있는 일에 대해 주로 또래 친구들과 협동하면서 스스로 결정을 내리는 선택을 하도록 격려 받는다.

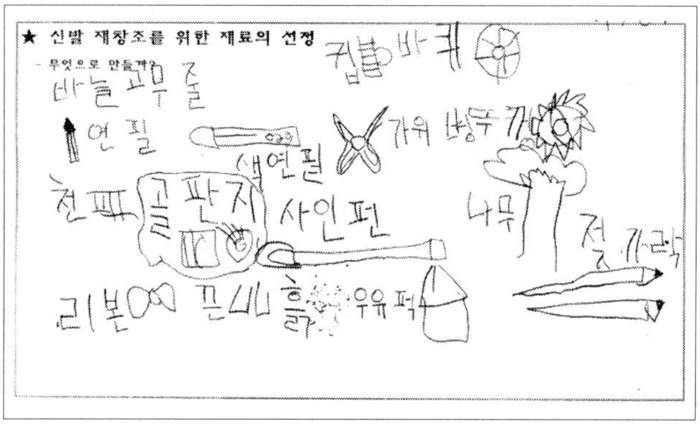

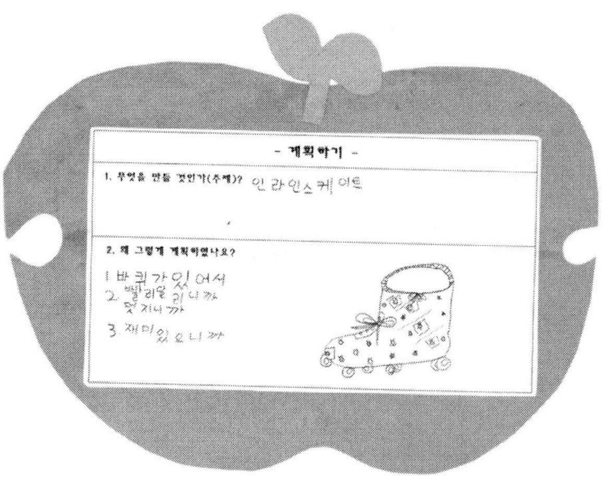

초기 아이디어	• 새로운 신발을 만들기 • 우리만의 신발을 직접 만들어 보기 • 우리 주변에서 쉽게 구할 수 있는 재료로 신발 만들기
계 획 화	• 재료 선정하기 • 목적 있는 신발 디자인 하기
실행 및 제작 과정	• 재료의 수정 • 필요한 물건 준비하기 • 그룹별 신발 디자이너 선정
토 의	• 재료 선정에 대한 문제점 말하기 • 신발 용도에 맞는 재료 선정 • 제작하게 될 신발 결정
최종 결과	• 다양한 신발 만들기 • 다양한 창의적 신발 만들기 • 우리에게 필요한 신발 완성
결과의 공유	• 신발의 전시 • 신발 바자회 • 자기만의 신발의 기능 소개 및 특징 소개하기 • 신발 패션쇼

(9) 신발 완성 및 전시

어린이들은 각자 또는 그룹에서 만들 신발을 분류하여 전시하였다. 어린이들은 다양한 표현 기능과 전략을 사용하여 자신들의 이야기를 나타낸다. 교사는 어린이들이 이렇게 한 것을 교실 선반 위에 전시함으로써 다른 어린이들과 함께 그 경험을 상호 공유하도록 하였다. 교실 게시판에도 프로젝트 전체의 진행 과정과 활동물을 붙여 게시하였고, 프로젝트에 사용되었던 자와 여러 종류의 신발, 그리고 마지막 표상 활동으로 만들었던 새롭게 창조된 신발을 전시하였다. 그리고 어린이들은 직접 제작한 멋진 신발과 종류별로 모아 온 신발들로 신발 패션쇼를 열자고 제안하였다.

각 반별로 모델들을 뽑고, 강당에 무대를 만들어 신나는 패션쇼 준비를 하였다. 어린이들은 TV에 나오는 모델처럼 뽐내며 워킹하였다. 워킹 순서는 또한 어린이들 순서로 규칙을 정해 신발 사이즈별로 입장하는 등, 친구들로부터 환호성을 자아내며 신발 프로젝트를 성공적으로 마무리할 수 있었다.

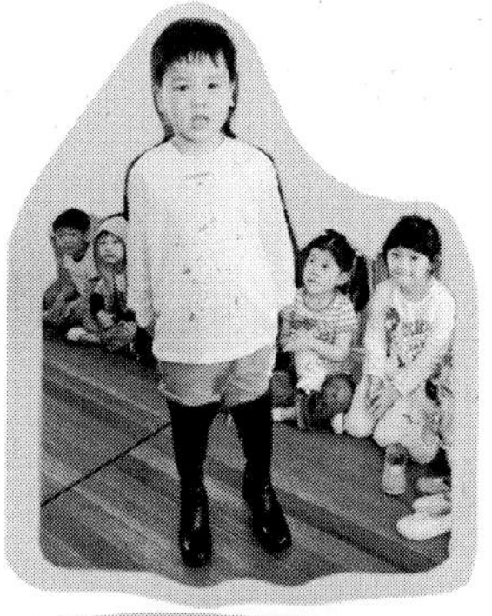

참고 문헌

권영례(2003). 유아수학교육. 양서원.

릴리언 캐츠 · 실비아차드(1995). 유아들의 마음 사로잡기. 이화여자대학교 출판부.

문미옥 · 신현옥 · 김영숙 · 류칠선(2000). 유아를 위한 과학교육. 교문사.

유혜령(1994). 유아 교수 매체의 이론과 실제. 창지사.

이연섭(1998). 레지오 접근법의 첫걸음. 정민사.

______ · 김지연 · 박선미 · 우명자 · 이성숙 · 최지영(2003). 레지오와의 만남. 정민사.

이영석 · 이정화(2000). 영역별 포트폴리오 평가방법의 적용원리와 실제. 교육과학사.

이은화 · 이경우 · 곽행림(2001). 유아를 위한 사회도덕성 교육. 창지사.

이정환(2001). 유아교육 교수학습방법. 교문사.

지옥정(2003). 유아교육현장에서의 프로젝트 접근법. 창지사.

최소자(2002). 프로젝트접근법의 사례연구 1. 창지사.

______(2003). 프로젝트접근법의 사례연구 2. 창지사.

______(2004). 프로젝트접근법의 사례연구 3. 창지사.

DeVries, R., & Kohlberg, L. (1987). Programs of Early education : The constructivist view. New York : Longman.

Bredekamp, S. (1987). Developmentally appropriate practice in early childhood programs serving children from birth through age 8. Washington, DC: National association for Education of Young Children.

Cochran, M. (Ed.), (in press). International handbook on child care policies and programs. Westport, CT: Greenwood Press.

Department of Early Education, City of Reggio Emilia, Region of Emilia Romagna. (1984). "L' Occhio se Salta il Muro."

Edwards, C.P., & Gandini, L (1989). Teachers' expectations about the timing of developmental skills: A cross-cultural study. Young Children, 44(4), 15~19.

사회 생활 평정 척도

영 역	구 분	내용 체계	평가 기준	평정 척도	비 고
사회 생활	집단 생활	다른 사람의 의견을 이해하고 존중하기	1. 의견 차이가 있을 때 서로 의논하여 조정할 수 있는가?	1 2 3 4 5	(2) 견학 (6) 자의 관찰과 사용
			2. 서로의 이야기를 잘 들어줄 수 있는가?	1 2 3 4 5	
			3. 자신의 주장에 대한 정당한 이유를 제시할 수 있는가?	1 2 3 4 5	
		공공 규칙을 이해하고 지키기	1. 견학가서 지켜야 할 약속을 알고 다른 사람에게 전달할 수 있는가?	1 2 3 4 5	
			2. 견학가서 지켜야 할 약속을 알고 바른 태도로 행동할 수 있는가?	1 2 3 4 5	
		두레의 소중함을 알고 협력하기	1. 신발 작품을 디자인할 때 서로 협력해야 하는 일을 알고 실천할 수 있는가?	1 2 3 4 5	
	사회 현상과 환경	정보 자료에 관심 가지기	1. 다양한 측정도구에 관심을 가질 수 있는가?	1 2 3 4 5	
			2. 다양한 측정도구의 사용 방법을 알고 활용할 수 있는가?	1 2 3 4 5	
			3. 관심 있는 신발의 종류에 대해 자료를 모아 볼 수 있는가?	1 2 3 4 5	

표현 생활 평정 척도

영 역	구 분	내용 체계	평가 기준	평정 척도	비 고
표현 생활	탐 색	형태 탐색하기	1. 신발의 형태와 구조를 이해하고 그릴 수 있는가?	1 2 3 4 5	4. 환경 구성 (8) 신발 제작 과정 (9) 신발 완성 및 전시
			2. 신발을 관찰하고 방향에 따른 다양한 형태를 이해할 수 있는가?	1 2 3 4 5	
	표 현	만들기와 꾸미기	1. 자신이 만들고 싶은 작품을 계획할 수 있는가?	1 2 3 4 5	
			2. 조형 활동에 활용할 수 있는 다양한 재료와 도구를 스스로 찾을 수 있는가?	1 2 3 4 5	
			3. 여러 가지 재료와 도구를 활용하여 창의적으로 신발을 만들고 꾸밀 수 있는가?	1 2 3 4 5	
		통합적으로 표현하기	1. 다양한 소재에 대한 느낌을 통합하여 표현할 수 있는가?	1 2 3 4 5	
		극놀이로 표현하기	1. 신발을 이용해 다양한 극놀이를 할 수 있는가?	1 2 3 4 5	
	감 상	자연과 사물 및 조형 작품 감상하기	1. 다양한 신발의 디자인을 보고 생각과 느낌을 서로 나누는가?	1 2 3 4 5	
		예술적 표현 존중하기	1. 다른 친구들의 신발 디자인에 흥미와 관심을 가질 수 있는가?	1 2 3 4 5	
			2. 자신과 다른 친구들의 신발 디자인 작품을 소중히 다룰 수 있는가?	1 2 3 4 5	

언어 생활 평정 척도

영 역	구 분	내용 체계	평가 기준	평정 척도	비 고
언어 생활	듣 기	낱말과 문장 듣고 이해하기	1. 신발과 관련된 용어와 문장들을 이해할 수 있는가?	1 2 3 4 5	(1) 사전 경험 (2) 견학 (6) 자의 관찰과 사용 (8) 신발 제작 과정 (9) 신발 완성 및 전시 (7) 상징화의 주기 주기4. 계산식 풀어 가는 방법 찾기
		이야기 듣고 이해하기	1. 이야기를 주의 깊게 듣고 기억할 수 있는가?	1 2 3 4 5	
			2. 신발에 대한 다양한 경험을 듣고 다양한 질문을 할 수 있는가?	1 2 3 4 5	
			3. 신발 가게 견학시 인터뷰한 내용을 듣고 기억이 나는 것을 말할 수 있는가?	1 2 3 4 5	
		바른 태도로 듣기	1. 신발 가게 견학에서 현장 아저씨의 이야기를 주의 깊게 들을 수 있는가?	1 2 3 4 5	
			2. 인터뷰에서 이야기에 주의를 기울이며 반응을 보이는가?	1 2 3 4 5	
	말하기	경험, 생각, 느낌 말하기	1. 신발에 관한 자신의 생각, 경험, 느낌을 문맥에 맞게 말할 수 있는가?	1 2 3 4 5	
			2. 신발 주제에 대하여 함께 이야기하며, 문제 해결에 대해 의논할 수 있는가?	1 2 3 4 5	
		상황에 맞게 말하기	1. 듣는 사람과 때와 장소를 고려하여 말할 수 있는가?	1 2 3 4 5	
			2. 신발에 대해 경험해 본 후 주제에 맞는 이야기를 할 수 있는가?	1 2 3 4 5	
		바른 태도로 말하기	1. 인터뷰시 말할 차례를 지키며 바른 태도로 이야기할 수 있는가?	1 2 3 4 5	
	읽기 · 쓰기에 관심 가지기	쓰기에 관심 가지기	1. 그림, 긁적거리기, 창안적 글자를 사용해서 자신의 생각을 표현할 수 있는가?	1 2 3 4 5	
			2. 자를 재는 방법을 글로 적을 수 있는가?	1 2 3 4 5	
		책에 관심 가지기	1. 신발과 관련된 자료와 책에 관심을 가지고 책 보기를 즐기는가?	1 2 3 4 5	
			2. 신발에 대해 궁금한 점을 신발 책에서 찾을 수 있는가?	1 2 3 4 5	

탐구 생활 평정 척도

영 역	구 분	내용 체계	평가 기준	평정 척도	비 고
탐구 생활	과학적 탐 구	도구와 기계에 관심 가지기	1. 신발의 생김새에 관심을 가질 수 있는가?	1 2 3 4 5	(3) 신발 바닥 관찰 (6) 자의 관찰과 사용
			2. 신발 바닥의 무늬의 역할을 이해하는가?	1 2 3 4 5	
			3. 마찰력의 원리를 이해하는가?	1 2 3 4 5	
			4. 신발의 길이를 재기 위한 도구에(여러 자) 관심을 보이는가?	1 2 3 4 5	
			5. 자의 바른 사용법을 알고 사용할 수 있는가?	1 2 3 4 5	
	수학적 탐 구	분류하기	1. 한 가지 준거로 신발을 분류할 수 있는가?	1 2 3 4 5	
		순서짓기	1. 신발의 길이가 작은 것부터 큰 것 순으로 순서대로 놓을 수 있는가?	1 2 3 4 5	(4) 어린이들의 수 발견
		기초적인 통계와 관련된 경험하기	1. 반 친구들의 신발 길이를 조사해서 표로 나타내보고 결과를 비교해 볼 수 있는가?	1 2 3 4 5	
		기초적인 측정과 관련된 경험하기	1. 다양한 물체의 길이를 측정 도구를 사용하여 잴 수 있는가?	1 2 3 4 5	(7) 상징화의 주기 주기 1. 자를 사용하여 cm와 mm 단위 경험하기
			2. 자의 사용 방법을 이해하는가?	1 2 3 4 5	
		길이에 대한 기초 개념 알기	1. 자의 눈금 cm, mm의 의미를 관계지을 수 있는가?	1 2 3 4 5	
	창의적 탐 구	주변 상황에 관심을 가지고 탐색하기	1. 다양한 신발에 대해서 관심을 가질 수 있는가?	1 2 3 4 5	
			2. 신발의 구조를 이해하고 다양하게 재창조할 수 있는가?	1 2 3 4 5	
		독특하게 생각하기	1. 신발을 관찰하고, 독특한 아이디어를 가질 수 있는가?	1 2 3 4 5	

포트폴리오 평가를 적용한 체크리스트 (사회 생활)

<table>
<tr><td>유아명</td><td>김세리</td><td>반(연령)</td><td>진달래반(만 5세)</td><td>평가 시기</td><td colspan="3">2005년 9월 21일</td></tr>
<tr><td>생활주제</td><td>신 발</td><td>주 제</td><td>신발 가게 견학</td><td>활동명</td><td colspan="3">견학에 대한
규칙 및 토의</td></tr>
<tr><td>평가 내용
및 관점</td><td colspan="7">· 집단 생활 – 공공규칙을 이해하고 지키기
: 견학 시 지켜야 할 약속을 알고 바른 태도로 행동할 수 있는가?</td></tr>
<tr><td>평가 상황</td><td colspan="7">· 신발 프로젝트 활동 – 그룹 토의(소집단 활동)</td></tr>
<tr><td>평가 유형</td><td colspan="7">· 작업 표본(질문지, 활동 기록지), 카메라</td></tr>
<tr><td></td><td colspan="4">체크리스트</td><td>예</td><td>아니오</td><td>비 고</td></tr>
<tr><td rowspan="3">평가 내용</td><td colspan="4">1. 견학 시 지켜야 할 약속을 스스로 이해하고 있는가?</td><td>V</td><td></td><td></td></tr>
<tr><td colspan="4">2. 서로 협력해야 하는 일을 알고 실천할 수 있는가?</td><td>V</td><td></td><td></td></tr>
<tr><td colspan="4">3. 견학 장소에서 차례와 질서를 잘 지켜 하고자 하는 질문과 답에 주의 깊게 관심을 가지고 있는가?</td><td>V</td><td></td><td></td></tr>
<tr><td>해 석</td><td colspan="7">세리는 견학 장소에서 인터뷰 하는 동안 가게 아저씨의 설명을 주의 깊게 들으며 '신발'에 관한 궁금증 및 지식을 획득할 수 있었다.</td></tr>
</table>

포트폴리오 평가를 적용한 체크리스트 (표현 생활)

<table>
<tr><td>유아명</td><td>정우택</td><td>반(연령)</td><td>개나리반(만 5세)</td><td>평가 시기</td><td colspan="3">2005년 11월 2일</td></tr>
<tr><td>생활주제</td><td>신 발</td><td>주 제</td><td>신발 만들기</td><td>활동명</td><td colspan="3">우리들만의 신발 만들기</td></tr>
<tr><td>평가 내용
및 관점</td><td colspan="7">· 표현 생활 – 우리들만의 신발 만들기
: 여러 가지 도구를 이용하여 만들 수 있는가 이해할 수 있는가?
: 여러 가지 재료로 신발을 꾸밀 수 있는가?</td></tr>
<tr><td>평가 상황</td><td colspan="7">· 신발 프로젝트 활동 – 만들기와 꾸미기 영역</td></tr>
<tr><td>평가 유형</td><td colspan="7">· 평정척도, 작업 표본(활동 기록지, 사진 표현)</td></tr>
<tr><td></td><td colspan="4">체크리스트</td><td>예</td><td>아니오</td><td>비 고</td></tr>
<tr><td rowspan="4">평가 내용</td><td colspan="4">1. 여러 가지 재료를 이용하여 신발을 만들 수 있는가?</td><td>V</td><td></td><td></td></tr>
<tr><td colspan="4">2. 다양한 신발을 관찰하여 창의적인 신발을 만들 수 있는가?</td><td>V</td><td></td><td></td></tr>
<tr><td colspan="4">3. 완성된 신발 디자인을 보고 생각과 느낌을 이야기할 수 있는가?</td><td>V</td><td></td><td></td></tr>
<tr><td colspan="4">4. 완성된 신발 디자인을 소중히 다룰 수 있는가?</td><td>V</td><td></td><td></td></tr>
<tr><td>해 석</td><td colspan="7">우리들만의 신발을 만들기 위하여 다양한 도구와 재료를 찾아 보았고 각 그룹마다 창의적인 신발을 완성하였다.</td></tr>
</table>

포트폴리오 평가를 적용한 체크리스트 (언어 생활)

<table>
<tr><td>유아명</td><td>곽지훈</td><td>반(연령)</td><td>달님반(만 4세)</td><td>평가 시기</td><td colspan="2">2005년 9월 13일</td></tr>
<tr><td>생활주제</td><td>신 발</td><td>주 제</td><td>신발에 대한
그룹 토의</td><td>활동명</td><td colspan="2">신발에 있는 숫자의 의미
이해하기</td></tr>
<tr><td>평가 내용
및 관점</td><td colspan="6">· 듣기 - 이야기를 듣고 이해하기
· 말하기 - 경험, 생각, 느낌 말하기</td></tr>
<tr><td>평가 상황</td><td colspan="6">· 신발 프로젝트 활동 : 그룹 토의(소집단 활동)</td></tr>
<tr><td>평가 유형</td><td colspan="6">· 체크리스트 활동 기록지(사진)</td></tr>
<tr><td></td><td colspan="3">체크리스트</td><td>예</td><td>아니오</td><td>비 고</td></tr>
<tr><td rowspan="4">평가 내용</td><td colspan="3">1. 신발과 관련된 용어와 문장을 이해할 수 있는가?</td><td>V</td><td></td><td></td></tr>
<tr><td colspan="3">2. 신발에 있는 숫자에 대한 다양한 질문을 할 수 있는가?</td><td>V</td><td></td><td></td></tr>
<tr><td colspan="3">3. 주제에 대해 함께 이야기하며 문제 해결에 대해 의논할 수 있는가?</td><td></td><td>V</td><td></td></tr>
<tr><td colspan="3">4. 서로 가설을 비교해 보고 자신의 주장에 뒷받침되는 설명을 할 수 있는가?</td><td>V</td><td></td><td></td></tr>
<tr><td>해 석</td><td colspan="6">신발에 있는 숫자는 과연 무엇을 뜻할까? 라는 질문에 지훈이는 자신의 생각을 조리 있게 잘 발표하였고, 다른 친구들의 이야기도 주의 깊게 들어 주었다.</td></tr>
</table>

포트폴리오 평가를 적용한 체크리스트 (탐구 생활)

<table>
<tr><th>유아명</th><td>백형석</td><th>반(연령)</th><td>백합반(만 5세)</td><th>평가 시기</th><td colspan="2">2005년 10월 21일</td></tr>
<tr><th>생활주제</th><td>신 발</td><th>주 제</th><td>길이 측정법</td><th>활동명</th><td colspan="2">길이 측정하기</td></tr>
<tr><th>평가 내용 및 관점</th><td colspan="6">· 수학적 탐구 - 기초적인 측정과 관련된 경험하기
: 일상생활에서 측정과 관련된 말을 사용할 수 있는가?
- 수의 기초 개념 이해하기
: 임의의 단위를 사용하여 길이를 재어 볼 수 있는가?</td></tr>
<tr><th>평가 상황</th><td colspan="6">· 신발 프로젝트 활동 : 소집단 활동</td></tr>
<tr><th>평가 유형</th><td colspan="6">· 체크리스트 활동 기록지(활동물)</td></tr>
<tr><th></th><th colspan="4">체크리스트</th><th>예</th><th>아니오</th><th>비 고</th></tr>
<tr><th rowspan="4">평가 내용</th><td colspan="4">1. 눈금 있는 자의 특성을 알 수 있는가?</td><td>V</td><td></td><td></td></tr>
<tr><td colspan="4">2. 신발을 사용하여 길이를 측정할 수 있는가?</td><td>V</td><td></td><td></td></tr>
<tr><td colspan="4">3. 순서의 규칙성을 알고 다음을 예상할 수 있는가?</td><td></td><td>V</td><td></td></tr>
<tr><td colspan="4">4. 자의 눈금 cm, mm의 의미를 관계지을 수 있는가?</td><td>V</td><td></td><td></td></tr>
<tr><th>해 석</th><td colspan="7">형석이는 신발 치수 숫자를 자로 측정하는 과정에서 수의 단위를 이해하였고
자 눈금의 규칙성, 눈금의 의미, 자의 사용법을 알 수 있었다.</td></tr>
</table>

Part II

레지오 접근법을 적용한 콩 프로젝트 (만 4세 유아반)

'콩' 프로젝트는 어린이들에게 콩을 직접 탐색하고, 길러 보는 경험을 가지게 함으로써 과학적인 탐구 능력과 태도를 기를 수 있게 한다. 그리고 콩 속에 함유되어 있는 영양소가 우리에게 어떤 이로움을 주는지 알아가면서, 콩을 골라내고 먹는 편식 습관을 바로잡을 수 있다.

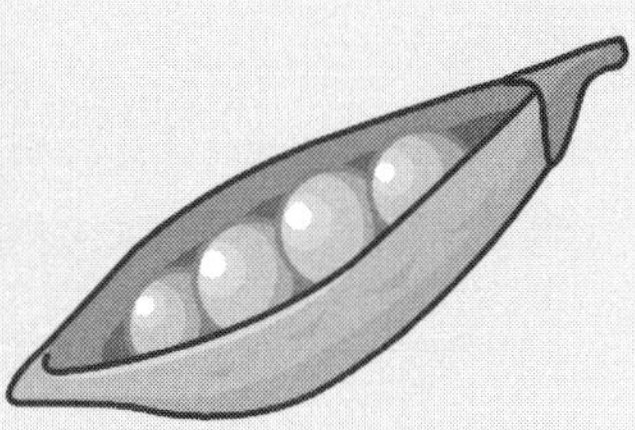

● 콩 프로젝트 실행하기

1. 주제 선정 배경

음식을 가려 먹는 아이 증가 → 인스턴트 식품 선호 → 사회 문제 발생 (소아 성인병, 체력 저하)

↓

콩 탐색 재배 실험을 통한 친환경적 태도와 자연의 소중함 인식 → 영양가 높은 음식 → 편식 지도 가능

↓

콩

2. 프로젝트 진행 과정

- **사전 경험**: 이야기 나누기, 브레인 스토밍
- **콩 탐색**: 자료를 활용한 지식 탐색
- **콩 실험하기**: 다양한 콩을 이용한 실험 및 비교
- **콩 표상하기**: 실험을 바탕으로 콩을 이용한 표현 활동
- **회상하기**: 평가 및 전시

3. 기대되는 효과

식물을 키움으로써 생명체의 소중함을 인식하고, 콩에 대해 조사 · 관찰 · 요리해 봄으로써 콩에 대한 거부감을 해소하고 편식 습관을 바로잡을 수 있음.

탐 구	건 강	언 어	사 회	표 현
• 콩 관찰, 비교 • 요리 활동 (콩떡)	• 영양소 • 편식 지도	• 경험 말하기, 듣기 • 그룹 토의 및 발표	• 식물을 길러 보는 활동 ➜ 애정, 정성 인식	• 콩 표상하기

과학적인 탐구 능력 태도 함양, 편식 지도

4. 사전 경험

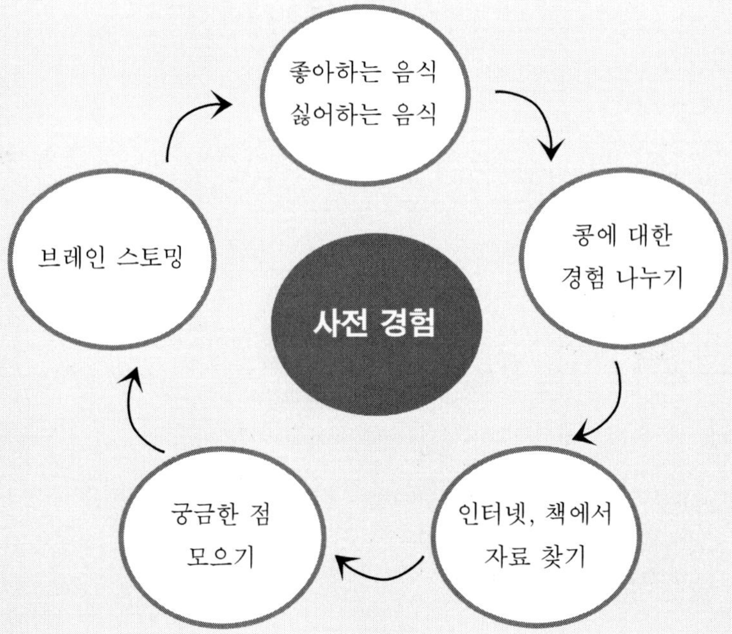

5. 콩의 탐색 I

성장 과정

콩(씨)→떡잎→본잎→줄기→꽃→꼬투리→콩

➜

구조 I

단면도 그리기

- 떡잎이 되는 곳
- 본잎이 되는 곳
- 뿌리가 되는 곳

➜

구조 II

- 경험 말하기, 듣기
- 그룹 토의 및 발표

⬇

뿌리혹균

질소의 보관 및 공급

콩의 천적

비둘기, 담배거세미나방, 꿩, 풀노린재, 흰구더기

꽃

울타리콩 – 빨간색
강낭콩 – 흰색
검정콩 – 보라색
녹두 – 노란색

6. 콩의 탐색 II

종 류

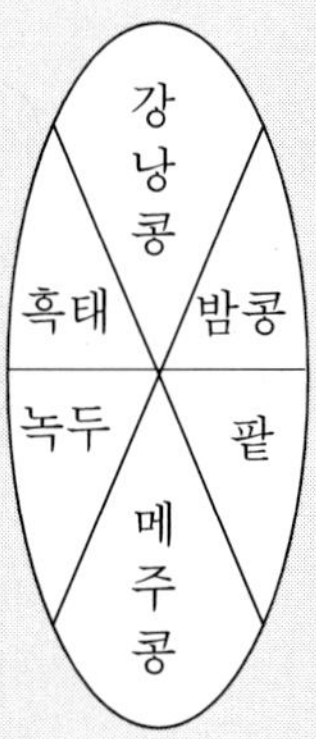

영양소

음식

- 콩밥
- 두부
- 메주
- 콩나물
- 팥빙수

듬직한 힘

- 고혈압 예방
- 당뇨병 예방
- 항암 작용
- 변비 예방
- 비만 해결

7. 콩 재배하기 I (필요한 조건)

육상 재배

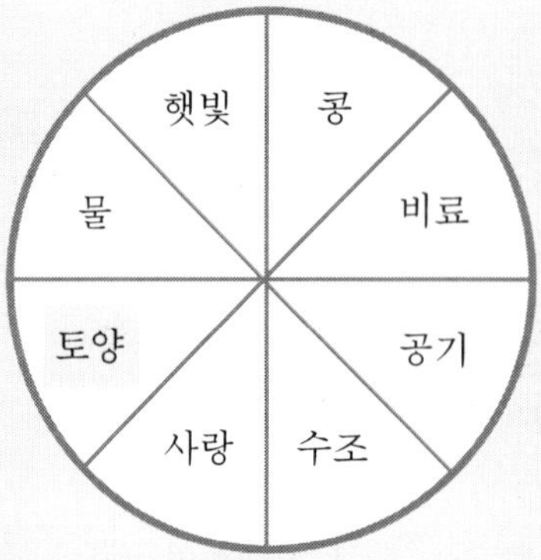

수경 재배

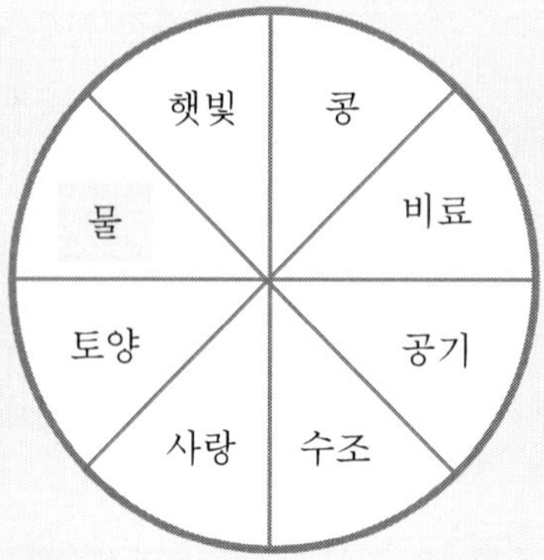

8. 콩 재배하기 II (관찰 보고서)

관찰시 유의사항

- 철저한 관찰 계획 세우기
- 지속적으로 자세하게 관찰(날짜 기록…)하기
- 그림과 도표를 충분히 활용하기

심은 날		3일 후		5일 후		9일 후		13일 후	
사진		사진		사진		사진		사진	
수경	육상	수경	육상	수경	육상	수경	육상	수경	육상
• 콩 2알 심기 • 콩이 물에 잠기도록 심기	• 콩 2알 심기 • 약 1.5cm 깊이로 심기	• 씨눈에서 흰색 싹이 난다	• 싹이 자란 후 줄기가 1.5cm 정도 자랐음	• 싹이 1.5cm 정도 자람 • 싹 두께가 굵어졌음	• 줄기 색깔이 짙은 푸른색으로 변했음	• 흰색 잔털이 있는 뿌리가 무성해짐	• 떡잎 사이로 본잎이 등장	• 떡잎 사이에 본잎이 자랐음	• 떡잎 떨어짐 • 본잎 손바닥만하게 넓어짐

9. 콩 실험하기

콩과 삶은 콩 비교하기

	시 각	후 각	촉 각	미 각
콩	붉고 길쭉	콩냄새(무향)	딱딱하다	쓰다
삶은 콩	검붉고 통통	고소한 냄새	미끈미끈	달다, 고소함

콩과 땅콩 비교하기

	차이점	공통점
콩	꼬투리가 물렁, 땅 위에 자라요	• 꼬투리 속에 자라요 • 영양가가 높아요 (단백질, 지방)
땅콩	꼬투리 속에 자라요	

콩과 삶은 콩 비교하기

실험 전	비커에 5㎝가량 콩을 담고 물을 10㎝ 부었다
	↓ 24시간 후
실험 후	콩의 부피가 팽창되어 높이가 비커에 가득 찼다

10. 콩 요리하기

활동 계획
- 요리 재료 알아보기
- 요리 순서도 작성
- 지켜야 하는 규칙

활동 실행
- 콩떡을 실제로 만들어 봄
- 편식 습관과 올바른 식사법 개선

활동 평가
- 친구들과 서로 비교하고 이야기해 봄
- 요리 활동 중에 습득한 개념을 다른 활동이나 일상에서 연결지어 봄

11. 콩 표상하기

활동 실제

- 동시 짓기
- 마라카스 만들기
- 내 얼굴 꾸미기
- 콩비가 내린다면

12. 회상하기

회상하기

초대장 만들기

부모님들과 동생들에게 전시회에 대해 알려주기 위해 초대장을 만들어 보냄

공익광고 만들기

어린이들의 기본 식생활에 있어 음식을 골고루 먹자는 공익광고 및 표어를 만듬

1. 프로젝트의 계획

최근에는 좋아하는 음식, 싫어하는 음식이 분명하여 자신들이 좋아하는 음식만 가려 먹는 어린이들이 점차 늘어나고 있다. 특히 콩이나 콩을 이용해 만든 우리 나라의 전통 음식(된장, 고추장)을 꺼리는 어린이들이 많아지고 있다. 콩밥을 먹을 때도 콩을 골라내고 먹고, 된장찌개보다는 피자와 같은 인스턴트 식품을 선호하는 어린이들이 많은 것이 현실이다.

이러한 현상에 대한 개선 방법을 찾아보기 위해 교사들은 회의를 통해 "밭에서 나는 쇠고기"라고 불리는 콩에 대해 조사 · 관찰하여 알아보고, 콩을 이용한 요리를 만들어 봄으로써 어린이들이 올바른 식습관을 가지게 될 것이라 생각하였다.

또한 식물을 키우고 보살피는 과정을 통해 생명체의 소중함을 다시 한번 생각해 보고, 우리 먹거리의 종류와 그 우수성뿐만 아니라 인간의 생활과 자연과 관계를 이해하는 친환경적인 태도를 기를 수 있을 것이란 기대를 가지고 "콩"이라는 주제를 선정하게 되었다.

콩이라는 주제를 통해 관찰 보고서를 작성하고 콩이 성장하는 과정을 살펴볼 수 있으며 또한 여러 가지 실험을 통해 과학적 · 수학적 · 언어적 지식을 발달시킬 수 있다.

프로젝트의 주요 특징은 어린이나 교사에 의해 제기된 질문에 의도적으로 초점을 두기 위해 연구하고 노력하는 데 있다. 또한 프로젝트의 목적은 교사가 제기한 질문에 옳은 답을 찾기보다는 어린이가 주제에 대해 더 많은 것을 학습하도록 돕는 데 있다.

프로젝트 활동을 통해 주제를 탐색해 나가는 과정에서 다양한 교수 매체를 활용하여 표상, 재표상, 다양하게 표상하는 상징화 주기를 거친다. 이를 통해 스스로 토의하고 상징을 발명, 창안하여 의사 소통함으로써 의미를 구축, 재구축, 학습하여 이해의 폭을 넓히게 된다.

2. 프로젝트를 위한 교사 회의

프로젝트는 5주간 수행되었다. 성공적인 프로젝트를 위한 교사의 역할은 어린이들의 브레인스토밍, 그룹 활동, 지식의 공유를 자극하고 촉진하는 것을 통해서 발견의 기회를 제공하는 것이다. 또한 교사는 재료, 활동, 야외학습, 도구의 사용 등을 통하여 주제를 더 확장시키고 다양한 학습 방법을 찾기 위해 부단히 노력하고 연구하며, 계획하여야 한다.

프로젝트는 여러 번의 교사 회의를 통해 개개인의 어린이가 기여를 하고 모든 어린이들이 공동 목적을 가지고 상호 작용을 할 수 있도록 해야 한다. 또한 어린이들이 언어적 토론뿐만 아니라 그림, 모방, 몸짓 같은 다른 형태의 표상을 이용하여 자신의 다양한 아이디어를 전달할 수 있고 어린이들이 합의점에 도달(언어적 대화)할 수 있도록 도와준다.

이러한 방법들을 주축으로 하여 어린이들의 흥미나 관심에 따라 콩의 탐색, 콩의 재배, 콩의 실험, 콩의 요리, 콩의 견학, 표상, 회상하기 등의 활동으로 나누어졌다.

프로젝트의 수행 단계에서는 교사들의 시간과 노력 또한 구성주의 교수법과 관련된 기본적 언어와 기술을 단순히 탐색하고 받아들이는 것에서 그 기술과 지식을 통합하고 응용하는 것으로 바뀐다. 교사들은 기본적인 교수 기술들을 효과적으로 사용할 수 있는 방법에 대한 토론을 통하여 예상되는 갈등, 질문, 논쟁점을 요목화하여 어린이들에게 제공하기로 하였다.

3. 프로젝트를 통하여 습득되는 지식

어린이들이 콩의 성장을 관찰하고, 궁금해 하고 변화 과정을 살펴보는 등의 능동적인 탐색 활동을 함으로써 과학적인 탐구 능력과 태도를 기를 수 있을 것이다. 또한 식물의 성장에 필요한 여러 요소(햇빛, 물, 영양분)들에 대해서도 알고, 이때 식물이 풍성하게 잘 성장하기 위해서는 물질적인 요소뿐 아니라 기르는 사람의 정성도 필요함을 깨달을 수 있다.

그리고 콩 속에 함유되어 있는 영양소와 그 영양소가 우리에게 주는 이로움을 알고, 콩을 이용한 요리를 만들고 먹어 보는 활동을 통해 콩을 골라내고 먹는 편식 습관을 바로잡을 수 있을 것이다.

교육과정 영역	습득되는 지식
건 강	• 콩의 영양소 알아보기 • 콩의 요리 활동을 통한 편식 지도
사 회	• 콩을 길러 보는 과정에서 식물이 잘 자라기 위해서는 사람의 정성과 애정이 필요함을 알기
표 현	• 콩의 성장 과정 표상 • 콩으로 만든 악기 연주 • 여러 가지 콩으로 꾸미기 • 콩의 단면도 그리기
언 어	• 콩에 대한 경험 이야기하기 • 땅콩을 이용한 게임 토의 및 발표 • 전문가인 할아버지께 존댓말로 말하기 • 콩과 관련된 동시 짓기
탐 구	• 콩의 성장 과정 관찰(겉모습, 크기) • 여러 종류의 콩 비교 • 요리 활동(콩떡)

4. 기 간

9월 20일 ~ 10월 21일(5주간)

5. 활동의 순서

❶ 사전 경험

❷ 콩에 대해 궁금한 것이 있어요

❷ 좋아하는 음식과 싫어하는 음식

❹ 콩 탐색하기

❹-1 콩의 종류

❹-2 콩의 성장 과정

❹-3 콩의 구조

❹-4 콩의 영양소

❹-5 콩으로 만든 음식

❹-6 콩의 듬직한 힘

❹-7 뿌리혹균

❹-8 콩의 천적

❹-9 어떤 콩의 꽃일까요?

❺ 콩 재배하기

❺-1 필요한 조건

❺-2 관찰 보고서(강낭콩 기르기)

❻ 콩 실험하기

❻-1 콩과 삶은 콩 비교하기

❻-2 콩과 땅콩 비교하기

❻-3 작은 콩알의 비밀

❼ 콩 요리하기

❽ 견학하기

❾ 표상 활동

❿ 회상하기

(1) 사전 경험

콩 프로젝트를 시작한다는 안내문이 집으로 보내지면서 부모님께서는 콩에 대한 여러 가지 자료를 유치원으로 보내주셨다. 교사는 보내주신 자료를 어린이들이 잘 볼 수 있는 곳에 비치해 두었다. 어린이들은 자료를 살펴보는 과정에서 콩에 대해 더욱 관심을 가지기 시작했다.

환경은 제 3의 교사이다. 환경 또한 유아를 교육하는 데 중요한 역할을 한다. 환경은 우리가 느끼고 생각하고 행동하는 것을 조정하며 우리 삶의 질에 많은 영향을 미친다. 레지오 에밀리아에서는 공간을 '사회적 상호 작용과 탐구, 학습에 유용한 그릇' 이라고 부르기도 하지만 교육자들은 공간이 교육적 메시지를 담고 있고 상호 작용과 건설적 학습을 자극하는 자극제로 충만한 교육적 내용을 가진 것으로 보고 있다.

이러한 이론을 바탕으로 콩에 대한 자료, 환경을 구성해두고 어린이의 콩 프로젝트 수행을 위한 도움을 주었다.

어린이 1 이 콩은 노란 색이야.
어린이 2 이건 엄마가 메주콩이라고 했어.
어린이 3 나도 이 콩을 책에서 본 적 있어.
어린이 2 책에도 메주콩이라고 나와 있었어.
어린이 3 난 콩을 반찬으로 먹어 본 적 있어.
어린이 2 맛이 어땠어?
어린이 3 맛은 없었지만, 엄마가 콩을 먹으면 몸이 튼튼해진다고 했었어.
어린이 1 맞아. 두부도 콩으로 만든 건데, 두부를 먹으면 몸이 튼튼해지잖아.

어린이들은 콩에 대한 경험과 책을 통해 알아낸 지식들에 대한 이야기를 나누었다. 그리고 콩에 대한 자신의 생각을 그림으로 그렸다.

프로젝트에 있어서 어린이들의 그림은 중요하다. 어린이들은 자신들의 아이디어, 장점, 알고 있는 것, 상상한 것, 관찰한 것을 그림을 통해 나타내기 때문이다.

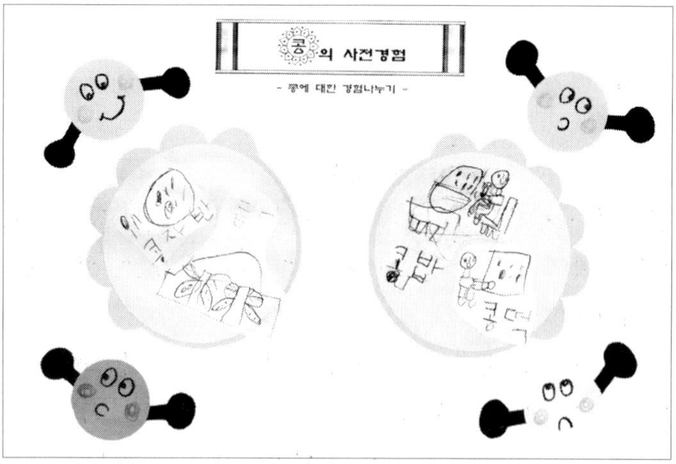

어린이들은 말로 표현한 것을 그림으로 그리고, 그린 그림을 매개로 토의한다.

(2) 콩에 대해 궁금한 것이 있어요

어린이들의 콩에 대한 호기심이 커지면서 콩에 대해 알고 싶은 것도 많아졌다. 그래서 콩에 대해 궁금한 점을 대집단 활동을 통해 알아보고, 의견들을 모아 보았다.

어린이 1 콩을 먹으면 왜 몸이 튼튼해진다고 할까?
어린이 2 콩은 왜 꼬투리 속에 들어 있는 걸까?
어린이 3 콩으로 만든 음식은 어떤 것이 있을까?
어린이 4 여기 콩에 있는 하얀 점은 무엇일까?
어린이 5 콩나물은 무슨 콩으로 만들어졌을까?
어린이 6 콩은 어디서 나오는 걸까?

교사는 콩에 대한 어린이들의 대화를 기록하면서 생각이 예전부터 알고 있는 콩에 대한 단순한 지식에서 여러 가지 자료의 탐색과, 콩 관찰을 통해 더욱 실질적이고, 구체적인 것으로 변화하였음을 알 수 있었다.

각자 콩에 대해 알고 싶은 점을 이야기하고, 다른 사람의 궁금한 점을 들어 보는 과정은 어린이들이 스스로 콩을 탐색하고, 궁금증을 해결하기 위한 방법을 다양하게 모색하게 하였다. 토의는 프로젝트를 더욱 능동적이고, 활기찬 방향으로 이끌어 준다.

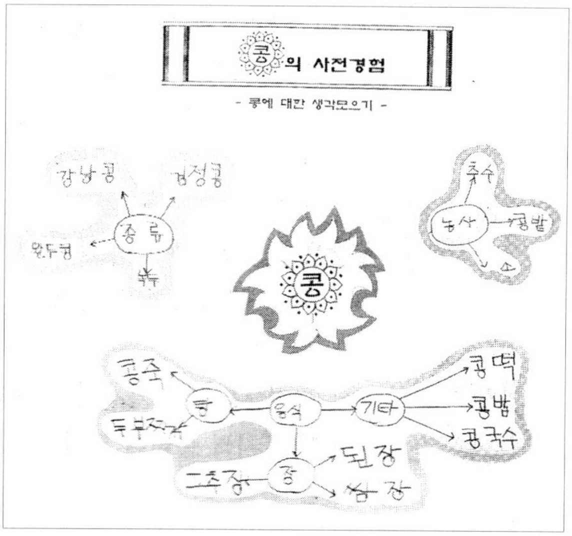

(3) 좋아하는 음식과 싫어하는 음식

콩에 대한 지식이 점점 증가하면서 어린이들은 그 동안 생활 속에서 보았던 '콩으로 만든 음식'에 관심을 보이기 시작했다. 어린이들과 함께 콩으로 만든 음식들을 알아보면서 자신이 좋아하는 음식들을 자연스럽게 이야기하게 되었다. 어린이들이 말하는 음식들 중에는 피자, 치킨, 햄버거 등(인스턴트 식품)이 대부분이었지만, 그 중 몇몇 어린이들이 두부, 콩 우유, 콩자반(콩으로 만든 음식)을 좋아한다고 하였다.

어린이들은 각자의 좋아하는 음식과 싫어하는 음식을 알아봄으로써, 교사는 어린이들이 콩에 대해 가지는 호감도를 알 수 있었고, 나아가 콩으로 만든 음식을 더욱 좋아하게 될 것이라고 기대하였다.

어린이 1 나는 피자가 제일 맛있어.
어린이 2 난 햄버거가 제일 좋아.
어린이 3 엄마가 사 주신 치킨도 좋아하는데…….

어린이 4 어제 엄마가 콩나물 반찬을 해 주셨는데 너무 맛있었어. 그런데 엄마가 콩나물도 콩으로 만든 것이라고 했어.

어린이 5 나도 콩나물 먹어 본 적 있어. 그리고 콩자반도 먹어 봤었어.

어린이 2 난 콩자반은 싫어해.

어린이 3 콩은 맛이 없어.

교　사 너희들이 많은 음식들을 이야기해 주었구나. 그럼, 우리 반 친구들이 어떤 음식을 가장 좋아하는지 알아보도록 하자.

콩 프로젝트가 진행되면서 가정에서 프로젝트의 진행을 돕기 위해 콩으로 만든 음식을 식탁에 한 가지씩 준비해 주시는 어머니가 계셨다. 프로젝트는 가정의 협력도 중요한 역할을 한다.

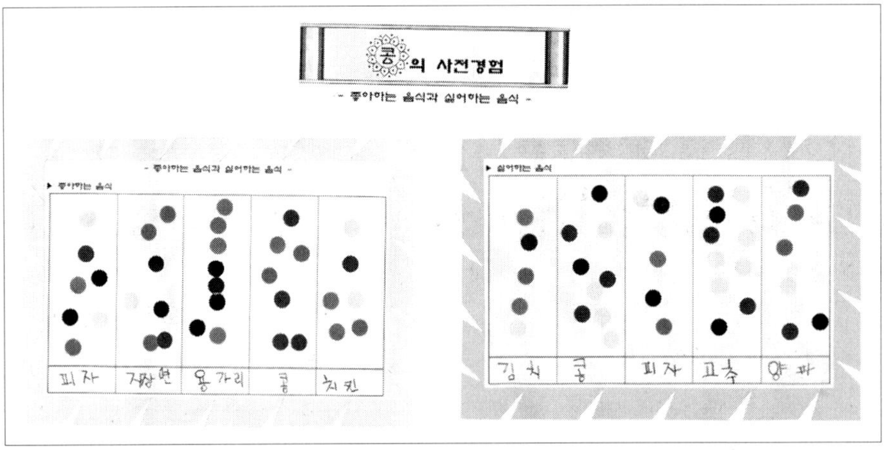

이 활동을 통해 어린이들이 콩으로 만든 음식에 관심은 있지만 그 음식을 좋아하지는 않는다는 것을 알 수 있었다. 교사는 어린이들이 콩을 친숙하게 여길 수 있도록 하기 위해, 콩으로 만든 음식의 다양함을 소개하자고 의견을 모았다.

(4) 콩 탐색하기

어린이들이 충분한 사전 경험을 가진 후 교사는 어린이들의 자발적인 참여를 위하여 과학 영역에 어린이들이 가정에서 가지고 온 여러 가지 종류의 콩과 콩에 대한 자료를 비치해 두었다.

콩에 대한 흥미가 높아지고 관심이 증가하면서 콩의 색이나 모양, 종류 등에 대한 탐색이 시작되었다. 콩을 관찰하는 과정에서 생겨나는 궁금증을 해결하기 위해 질문하고 서로 협동하여 자료를 찾아보며 의견을 토의하였다. 교사는 질문을 통해 어린이들의 탐색을 강화하였으며, 나아가 어린이들의 관심에 따라 콩의 종류와 콩의 성장 과정, 콩의 구조는 어떠한지, 또 콩은 우리 몸에 왜 좋은지 등에 대해 알아보기로 했다.

1 콩의 종류

과학대에 비치된 여러 가지 콩의 종류를 보고 어린이들이 이야기를 나누고 있었다.

어린이 1 이건 강낭콩이고, 이건 메주콩…… 그런데 이건 뭐지?
어린이 2 녹두라고 적혀 있는데…… 이것도 콩일까?
어린이 3 콩 맞아. 내가 책에서 봤어.
어린이 4 그럼 여기 있는 팥도 콩이야?
어린이 3 그건……잘 모르겠어.
교　사 그럼 우리 책을 찾아보기로 하자.

콩은 장미목 콩과 한해살이 풀, 식용작물로 널리 재배된다. 예로부터 콩이라면 대두를 말하였으나, 현재는 식용으로 이용되는 콩과 식물의 종자를 총칭하는 경우가 많다. 어린이들이 흔히 접할 수 있었던 콩은 강낭콩과 검은콩 등 주로 음식에서 볼 수 있는 것들이었고, 팥과 조 그리고 녹두도 콩의 한 종류라는 것을 알게 되면서 콩에 대해 새롭게 알게 된 지식에 대한 즐거움이 생겨났다.

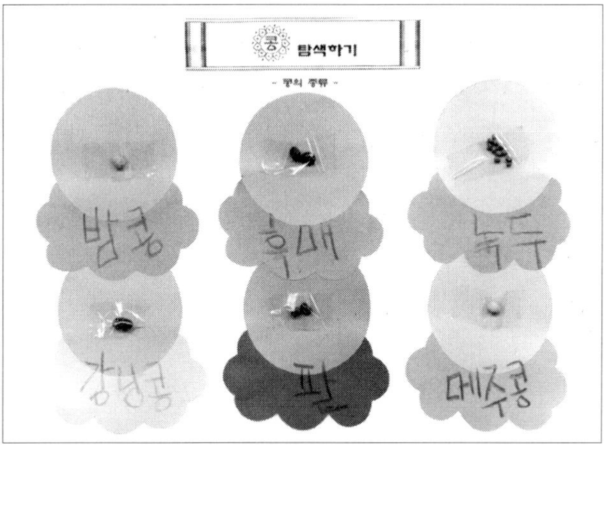

2 콩의 성장 과정

식용작물로써 널리 재배되는 콩은 튼튼하고 단단한 씨앗을 골라 심으면 7~8일이 지나 싹이 돋아나고 떡잎이 자라난다. 떡잎이 난 지 일주일 정도가 지나면 본잎이 나오는데, 본잎은 광합성 작용을 하여 콩에 영양분을 공급하는 역할을 한다. 본잎이 본격적으로 영양분 공급을 시작하면 떡잎은 떨어져 버리는데 이때쯤 콩의 키는 26㎝ 정도이다. 콩의 키가 어느 정도 자라나면 가는 줄기를 지탱해 줄 받침대를 세워 주어야 잘 자란다. 씨를 뿌린 지 한 달 정도가 지나면 꽃이 피고, 꽃이 지고 나면 그 자리에 콩 꼬투리가 맺힌다. 다 자란 콩의 길이는 60~90㎝이고, 콩의 꼬투리 속에는 2~3개의 씨앗이 들어 있다.

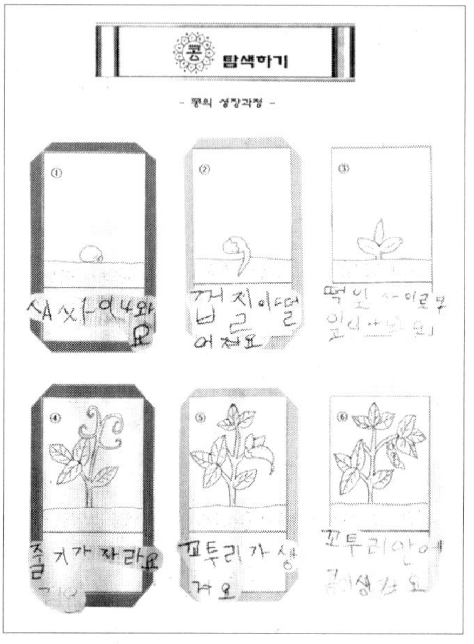

책을 통하여 콩이 성장하는 과정을 알아보면서 어린이들은 콩 자체가 씨앗이라는 것을 알게 되었다. 그 콩이 자라서 또 다시 콩을 만들어 낸다는 사실을 알았을 때 어린이들은 “와 정말 신기하다” 라고 말하며 콩의 성장 과정에 대한 지적 호기심을 분출하였다.

3 콩의 구조

어린이들은 콩의 성장 과정을 알아보던 중에 본잎, 떡잎, 꼬투리 등의 새로운 단어를 접하게 되었고, 그 단어의 뜻에 대해 알기를 원하였다. 교사는 어린이들의 자발적인 참여를 위해 ‘콩의 구조 그림’ 을 게시판에 전시하고 동시에 콩의 명칭과 역할이 적혀 있는 자료들도 같이 게시하였다. 게시판에 붙어 있는 콩의 단면도를 보며 어린이들이 이야기를 나누고 있었다.

어린이 1 게시판에 빵 같은 그림이 있어.
어린이 2 ‘본잎이 되는 곳’ 이라고 적혀 있어.
어린이 1 (과학대를 가리키며) 어디에 있어? 본잎이 되는 곳은 보이지 않는데.
어린이 2 정말 그러네.

어린이들은 과학대에 있는 콩을 들고 게시판으로 가서 실제 콩과 게시판에 있는 콩을 비교해 보았다.

쪼개어져 있는 콩의 단면도를 관찰하던 중 어린이들이 실제 콩과 게시판에 전시되어 있는 단면도와 다르다는 것을 발견하고 어린이들은 "선생님! 게시판에 있는 콩은 우리의 콩과 달라요" 라며 문제를 제기해왔다. 교사는 어린이들이 직접 관찰을 통해 그 문제를 해결할 수 있도록 쪼개어진 콩을 직접 관찰해 보기로 하였다. 여기서 어린이들은 쪼개어진 콩의 한쪽 면에서만 본잎이 되는 곳, 떡잎이 되는 곳, 뿌리가 되는 곳이 보인다는 것을 알게 되었고 각 부분들이 자라면 어떤 모습으로 변화하는지도 궁금해 하였다. 그래서 제시된 그림 '콩의 성장' 을 보고 자라기 전의 콩과, 자란 후의 콩을 비교해 보았다.

어린이 1 그럼 이것이 본잎인가봐.
어린이 2 떡잎 사이로 나온 것이 본잎이라고 했잖아.
어린이 3 그럼 뿌리는 어디 있어?
어린이 1 땅 속에 있는 게 뿌리인가봐.

콩의 뿌리는 중력의 방향으로 자라고, 줄기는 그 반대 방향으로 자라난다. 그렇기 때문에 콩의 뿌리는 땅 속에 있고 실 같은 곁뿌리를 가지고 있으며, 줄기는 땅 위로 자라나고 마디와 잎이 있다. 책에 설명되어 있는 콩의 각 부분의 특징을 교사와 같이 읽어 보고 콩에 대해 더 자세한 정보를 수집할 수 있었다.

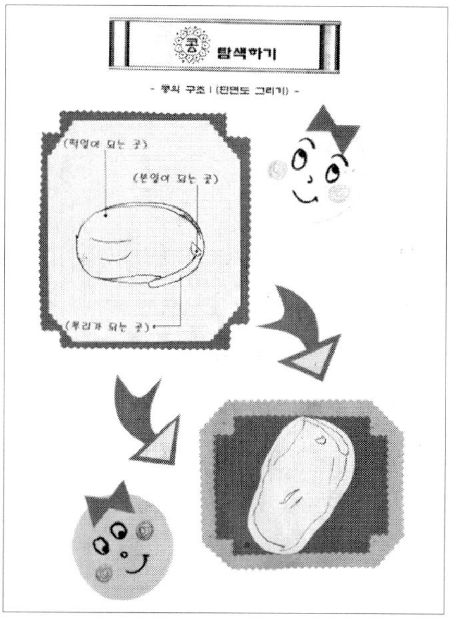

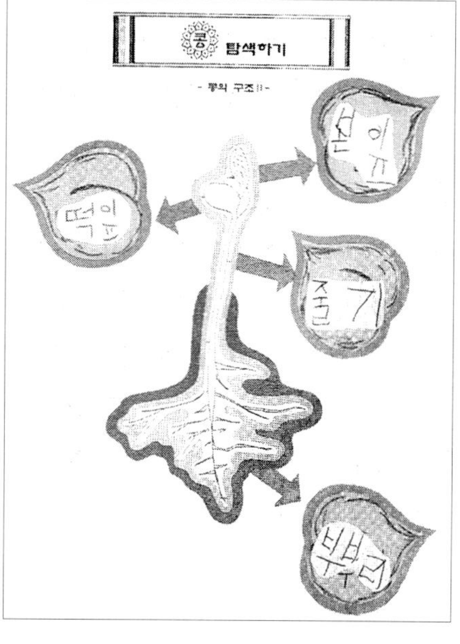

4 콩의 영양소

한 어린이가 점심식사를 하던 도중 인상을 찡그리며 울먹이기 시작했다.

어린이 1 선생님! 콩이 너무 맛없어서 못 먹겠어요.
어린이 2 나는 맛있는데…….
어린이 3 맛이 없다고 안 먹으면 안 돼. 콩이 우리 몸에 얼마나 좋은데…….
어린이 1 그래도 싫어. 맛없단 말이야.
어린이 3 우리 엄마가 그랬는데 콩은 소고기래.
어린이 1 콩이 어떻게 소고기니?

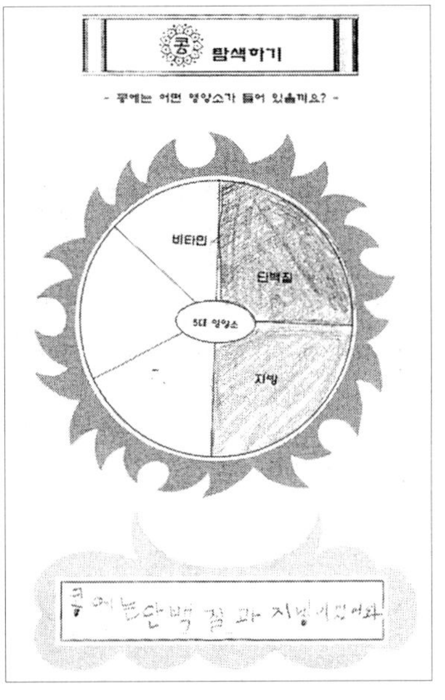

콩은 '밭에서 나는 소고기'로 불릴 만큼 단백질과 지방질이 풍부하기 때문에 예로부터 우리 식생활에 다양하게 이용되어 단백질의 공급원이 되어 왔다. 콩의 40% 가량을 차지하는 단백질에는 필수 아미노산이 균형 있게 배합되어 있으며 다른 식물성 단백질에서 부족하기 쉬운 리신이 많은 것이 특징이다. 그 외에 비타민 B가 풍부하여 피로회복을 도우며, 또한 칼슘이 포함되어 있어 뼈를 튼튼하게 하고, 철분 또한 포함되어 있어 빈혈을 예방하기도 한다. 어린이들은 콩이 우리 몸에 왜 좋은지를 알아가면서 여러 가지 음식들에 들어 있는 영양소에 관심을 갖기 시작했다.

5 콩으로 만든 음식

어린이들이 콩으로 만든 음식에 대하여 얼마나 알고 있는지 조사한 결과 콩자반과 콩나물이 대부분이었다. 이에 교사는 다양한 문학적 접근 활동(콩에 관한 동화 듣기, 동시 지어 보기, 콩에 대한 자유 연상하기 등)을 통해 어린이들과 함께 콩으로 만든 음식을 알아보았고, 프로젝트는 이런 과정을 통해 더욱 심화되었다. 콩은 조직이 단단하여 여러 가지 가공법으로 소화율을 높이고 있는데, 콩으로 만든 음식 중에는 조직을 연하게 한 것으로는 두부나 두유 등을 들 수 있고, 대두 단백질을 분해한 발효식품인 간장, 된장 등이 있다. 콩기름은 가공하여 인조버터의 제조원료와 각종 공업원료로 쓰이며, 콩깻묵은 사료, 비료로 쓰인다. 또한 콩은 콩나물로 길러 먹기도 한다.

어린이 1 선생님, 간장도 콩으로 만들었어요?
교 사 그래, 간장도 콩으로 만든 음식이야. 간장은 메주를 만들어 그 위에 소금물을 부어서 만든단다. 또 메주로 된장을 만들기도 해.
어린이 2 선생님!! 그럼, 팥빙수도 콩으로 만든 음식이에요??
어린이 1 팥도 콩이잖아!!!
어린이 3 맛있겠다.

어린이들은 콩에 대한 여러 가지 음식들에 대한 지식을 획득하면서 평소에 가지고 있던 콩에 대한 거부감이 많이 해소되었고, 일상생활에서 생각하지 못한 곳에서 콩이 쓰인다는 사실에 대해 신기해 하였다.

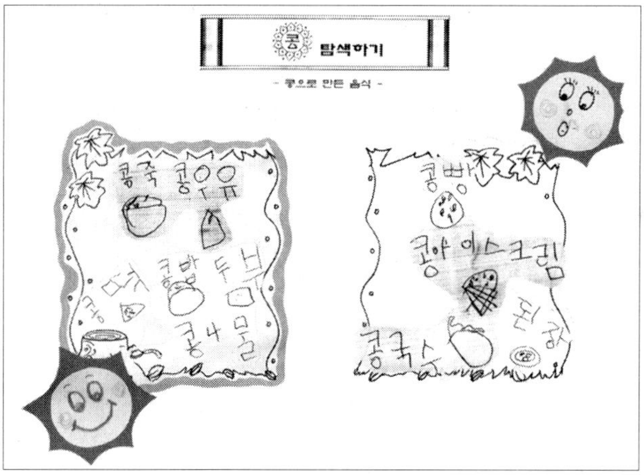

⑥ 콩의 듬직한 힘

자유선택 활동 시간에 놀고 있던 어린이들 중 한 어린이가 갑자기 배가 아프다며 울상을 지었다.

어린이 1 아야~.
어린이 2 왜 그래?

어린이 1 모르겠어. 갑자기 배가 아파. 선생님 배가 아파요!

교 사 그래? 배가 어떻게 아프니?

어린이 1 모르겠어요. 그냥 아파요.

교 사 그럼 약을 먹어 볼까?

어린이 2 선생님!! 우리가 배운 콩 프로젝트에서 콩도 약이라고 했던 것이 기억나요.

교 사 그래, 옛날 사람들은 약을 구할 수 없던 시절에 약 대신 콩을 먹기도 했단다.

어린이 2 그럼, 콩이 어떻게 몸을 좋게 해 주는지 더 알아봐요.

콩은 옛날부터 약으로 이용되어 왔다. 옛날 의학서에는 식중독이나 약물 부작용, 산후병이나 몸이 부었을 때, 안색이 나쁠 때 콩을 먹으면 좋다고 나와 있다. 최근에는 콩 속에 든 제스니 타인이라는 화합물이 암세포의 증식을 억제하여 감소시키고, 정상세포의 분열을 촉진하여 항암작용을 하고, 뼈의 밀도를 높여 나이든 여자들에게 잘 발생하는 골다공증을 예방한다는 사실이 밝혀졌다. 또, 혈관을 부드럽고 튼튼하게 유지시켜 뇌졸중을 예방한다. 그 밖에도 치매나 변비를 예방하고, 노화를 방지하며 다이어트 효과도 있어 비만을 해결해 준다. 어린이들과 교사들은 다양한 인터넷 자료와 책을 통해 콩의 약용 효과에 대해서도 알아보았다.

7 뿌리혹균

콩은 쌀 · 보리 · 옥수수 같은 곡물에 비해 비료 성분이 적은 땅에서도 잘 자라난다. 그것은 콩의 뿌리에 있는 뿌리혹균 때문이다. 대부분의 식물은 자라는 데 질소가 많이 필요하지만 안타깝게도 공기 중에 있는 질소는 식물이 그대로 받아들이기가 어렵다. 이에 콩은 땅 속의 질소를 잘 받아들이기 위해 뿌리혹균이라는 균을 뿌리에 살게 해서 공기에서 받아들인 질소를 양분으로 빨아들인다. 이때 콩이 흡수하는 질소 전체의 50~80%는 뿌리혹균이 만들어 낸 것이다. 콩을 심은 지 2주일 정도가 지나면 뿌리에서 도톨도톨한 것을 관찰할 수 있는데 이것이 바로 뿌리혹균이다.

위의 활동을 하면서 어린이들은 비로소 콩에 영양분을 주지 않아도 콩이 잘 자라나는 이유를 알게 되었다. 또한 뿌리의 역할이 콩의 무게를 지탱해 준다고만 생각했던 어린이들은 그 새로운 역할을 알게 되면서 뿌리혹균을 직접 관찰해 보기를 원했다. 이에 교사는 뿌리혹균을 직접 관찰해 볼 수 있도록 크기로 자른 뿌리혹균과 돋보기 등을 제공해 주었고 어린이들이 관찰 후 뿌리혹균을 직접 표상해 보는 경험도 가질 수 있도록 해 주었다.

8 콩의 천적

여러 가지 콩을 관찰하던 중, 색이 변질되었거나 부서진 콩을 보고 어린이들은 콩이 왜 이렇게 변했는지 궁금해 하였다.

어린이 1 이 콩은 좀 이상하게 생겼어. 봐봐.
어린이 2 색깔도 이상한데?
어린이 3 왜 이렇게 변했지?
어린이 1 벌레가 갉아먹었나 봐.
어린이 2 벌레도 콩을 먹어?

어린이 3 벌레는 콩 못 먹어!!

어린이 1 아니야. 예전에 콩 꼬투리를 벗겼을 때 거기서 애벌레가 나왔잖아. 그 애벌레가 콩을 먹은걸 거야.

어린이 2 그럼 콩은 벌레를 너무 무서워하겠다.

씨고자리파리 유충은 싹이 트기 전에 콩을 먹으며, 또 풋콩이 될 무렵에는 노린재와 담배거세기나방이 콩 안의 맛있는 즙을 빨아먹거나 잎을 먹어 치우기도 한다. 또, 겨우 싹이 텄는데 비둘기가 모조리 먹어 버리는 경우도 흔히 있다. 막 나온 싹인 떡잎은 콩이 그대로 얼굴을 내밀고 있는데다 먹기 좋게 물을 머금고 있어 비둘기들이 아주 좋아한다. 콩이 자라는 과정에서 다른 벌레들에 의해 콩이 피해를 입는다는 사실에 대해 어린이들은 놀라면서도 걱정을 하였다. 그래서 콩을 재배할 때 자신의 화분을 교실에서 키우기를 희망하였다.

⑨ **어떤 콩의 꽃일까요?**

등원 후 한 어린이가 가방에서 콩에 관한 책을 꺼내 들며 친구들에게 이야기를 했다.

어린이 1 이게 뭔지 알아? 콩이 열리기 전에 피는 꽃이래. 어제 엄마랑 인터넷에서 봤어.

어린이 2 이야~ 노란색이네~ 콩 꽃 정말 예쁘다~.
어린이 3 그거 콩 꽃 아니야. 저기 봐. (게시판을 가리키며) 콩 꽃은 흰색이잖아.
어린이 4 그래. 나도 흰색 꽃을 본 적 있어.
어린이 1 그럼, 콩은 흰색 꽃도 있고 노란 꽃도 있나봐.
교 사 노란 꽃에서는 녹두가 열리는데 흰색 꽃에는 무슨 콩이 열릴까?
어린이 3 음, 잘 모르겠어요.
어린이 2 그럼, 저 책에서 찾아보자. 그림이 나와 있어.

어린이들은 콩의 꽃에는 여러 가지 색의 종류가 있을지도 모른다는 의문을 가지고 자료를 찾기 시작했다. 일반적인 식물처럼 콩의 꽃도 한 가지 색일 것이라고 예상했던 것과는 달리 콩은 녹두, 완두콩, 검정콩, 울타리콩 등 종류에 따라 각각 다른 색의 꽃이 핀다는 사실을 알게 되었고 이것에 대해 매우 흥미로워하였다. 어린이들은 그림 자료에서 본 색깔들을 떠올리며 "어떤 콩의 꽃일까요?"라는 재미있는 표현 활동을 해 보았다. 울타리콩은 빨간색, 완두콩은 흰색, 검정콩은 보라색, 녹두는 노란색 꽃으로 예쁘게 색칠을 해 보았다.

(5) 콩 재배하기

1 필요한 조건

어린이들의 과학적 탐구는 주위의 여러 가지 사물이나 현상을 관찰하고 변화하는 과정을 살펴보게 함으로써 과학적인 탐구 능력과 태도를 기르게 되는 것이다. 어린이들은 콩 프로젝트에 대한 홍미가 고조되면서 스스로 콩을 길러 보자고 교사에게 제안하였다.

어린이 1 나는 내가 좋아하는 콩을 길러 보고 싶어.
어린이 2 우와 재미있겠다. 우리 화분에 콩을 심어 보자.
어린이 3 콩을 우리가 어떻게 심어?
어린이 1 그럼 콩을 심으려면 어떻게 해야 하는지 선생님께 물어보자.

어린이들은 교사에게 콩을 직접 심어 보자고 제안하였다. 교사 역시 어린이들의 의견을 존중하기로 하였다.

교　사 그럼 콩을 키우려면 어떤 것들이 필요할까요?
어린이 1 물이요!
어린이 2 흙이 필요해요.
어린이 3 공기도 있어야 해요.
교　사 공기도 필요할까? 왜 그렇게 생각하니?
어린이 3 콩도 숨을 쉬어야 살 수 있을 것 같아요.
교　사 콩을 잘 자라게 하려면 너희들이 말한 공기, 물, 흙이 필요하구나.
어린이 1 선생님! 콩을 키우려면 화분도 있어야 해요.
어린이 2 그럼 화분도 준비하자.

어린이들은 콩을 키우기 위한 필요조건에 대해 이야기를 나눈 후, 식물이 잘 자라려면 공기, 물, 흙, 화분이 필요하다는 의견을 교사에게 제안하였고, 함께 콩을 심어 보았다. 콩을 심는 과정에서 교사는 어린이에게 개인별로 수경 재배, 육상 재배 등 다양한 방법으로 재배할 수 있는 활동을 제공하였다.

어린이들은 콩을 재배하면서 모양, 색깔, 크기의 변화에 대해 홍미로워하였고,

콩의 변화하는 모습을 미니 스케치북에 그리는 모습을 중간 중간 보이기도 하였다.

어린이 1 너 지금 뭐 그린 거야?
어린이 2 내 화분에 심은 콩을 그린 거야. 나는 콩을 매일 보면서 그림일기를 쓸 거야.
어린이 1 재미있겠다. 나도 같이 할래.
어린이 2 안 돼! 네 콩과 내 콩은 서로 달라. 크기도 내 콩이 더 크잖아.
교 사 그럼 우리 매일 콩의 모습을 그려 보기로 하자. 이렇게 식물을 관찰하고 그려 보는 것을 관찰 보고서라고 한단다.

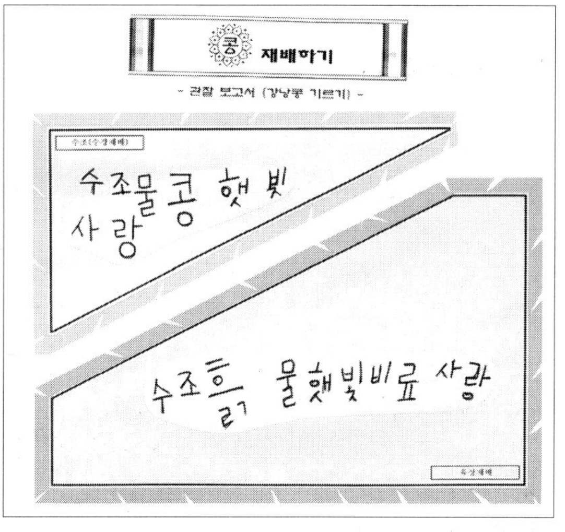

② 2단계 – 관찰 보고서 (재배 시작일)

보고서는 누군가에게 보고를 하는 글이며, 또한 내가 알고 있는 지식을 다른 사람에게 알려주는 글이기도 하다. 어린이들은 보고서 작성을 통해서 자신이 했던 탐구에 대해서 다시 한 번 생각하게 된다. 보고서를 쓰는 과정을 통해 어린이들은 논리적이고 체계적인 사고 방식을 배울 수 있다.

어린이들의 관찰 보고서는 심은 날부터 시작되었다. 성장의 변화를 정확하게 관찰 · 비교하기 위해 단계별로 (심은 날, 3일 후, 5일 후, 9일 후, 13일 후) 2주에 걸쳐 관찰 보고서를 작성하였다.

보고서 작성 요령은,

- 철저한 관찰 계획을 세워야 한다.
- 자세하게 관찰해야 한다(관찰 날짜, 주의사항, 평가란…… 기록……).
- 꾸준하게 관찰해야 한다(지속적인 관찰).
- 정확하고 구체적으로 관찰하고 기록한다(관찰한 결과를 기록할 때는 그림과 도표를 충분히 활용한다).
- 관찰자의 느낌(평가)도 중요하다.

③ 관찰 보고서 (3, 5, 9, 13일 후)

날 짜	수경 재배	육상 재배
3일 후	• 씨눈에서 흰색의 싹이 0.5mm 자람	• 줄기 1.5cm 자람 • 줄기의 빛깔은 옅은 연둣빛
5일 후	• 싹이 1cm 자라고 굵어짐	• 줄기의 색이 짙은 푸른빛으로 변함 • 줄기의 길이 길어짐 • 두 개의 떡잎 사이로 본잎이 나옴
9일 후	• 뿌리에 흰색 잔털이 생김 • 물이 현저히 줄어듬	• 본잎이 커짐 (어린이의 손 크기) • 잎맥이 뚜렷해짐 • 잎의 색이 짙은 풀색을 나타냄
13일 후	• 떡잎과 본잎 등장	• 떡잎이 떨어짐 • 본잎이 커짐(성인의 손 크기)

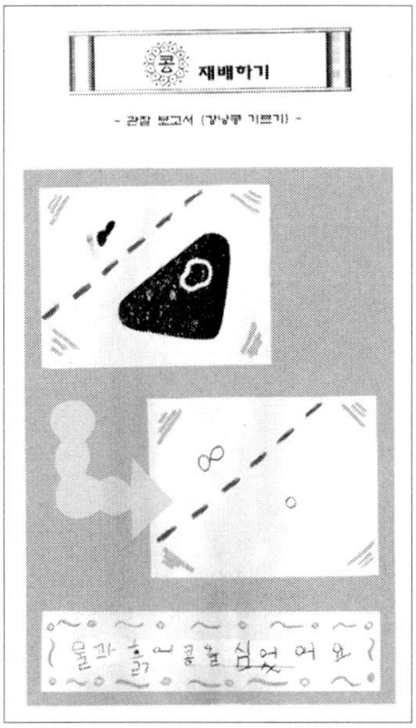

<심은 날>

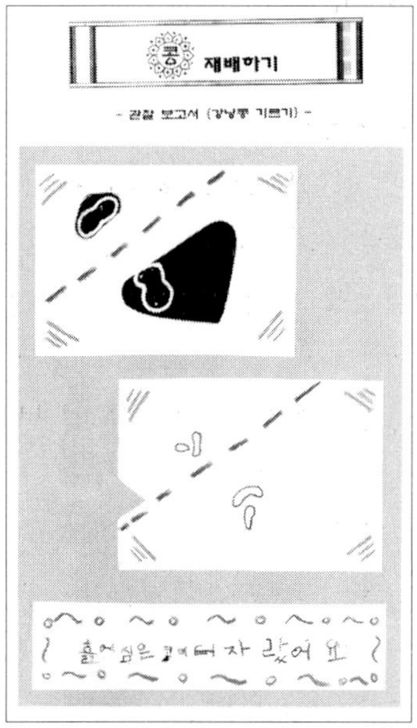

<3일 후>

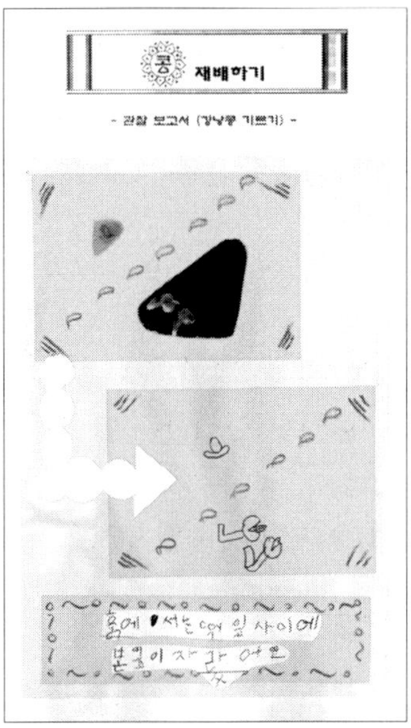

<5일 후>

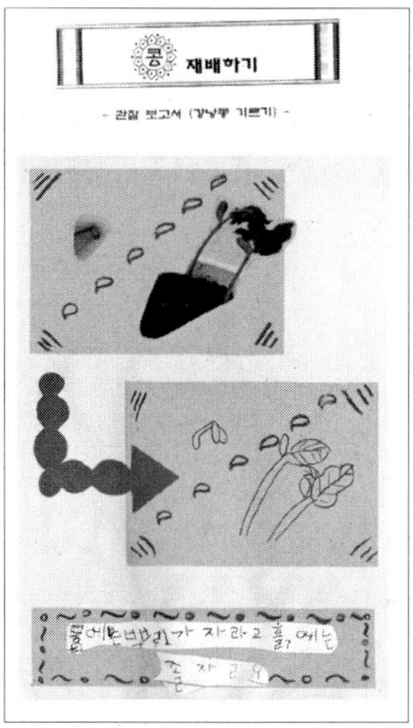

<9일 후>

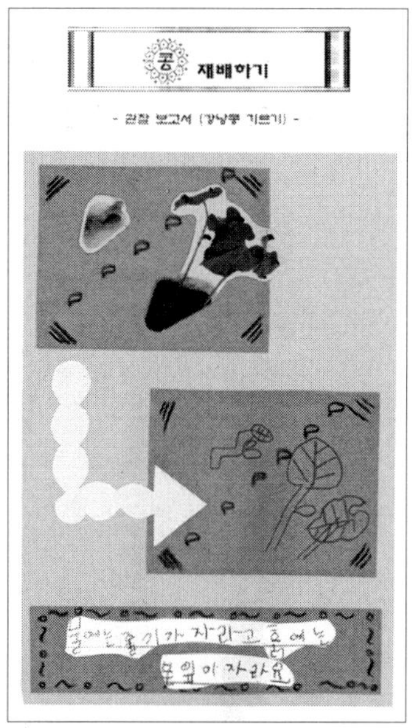

<13일 후>

(6) 콩 실험하기

1 콩과 삶은 콩 비교하기

어린이들은 콩 프로젝트를 하면서 씨앗으로써 존재하는 날콩과, 음식으로써 가치를 갖는 삶은 콩을 비교 · 분석해 보았다.

먼저, 어린이들은 점심시간의 메뉴에서 '콩나물, 콩떡, 두부, 콩자반' 등의 콩으로 만든 다양한 음식을 먹어 보는 경험할 수 있었다. 그러던 중 음식으로 만들어진 콩이 일반적으로 접하는 콩과 다르다는 것을 알게 된 어린이들은 콩과 삶은 콩에 대해 의문점을 제기하였다.

이러한 어린이들의 의견에 대한 궁금증을 풀어 보기 위해 날콩과 삶은 콩을 비교하는 실험을 하기로 하였다. 교사는 두 개의 그릇을 준비하였고, 한 그릇에는 날콩(시중에 파는 날콩), 다른 한 그릇에는 삶은 콩(날콩과 같은 종류)을 담아두었다. 날콩과 삶은 콩을 비교해 가는 과정에서 어린이들은 궁금증이 높아졌고, 이런 궁금증들을 종합해 보니 시각적, 후각적, 촉각적, 미각적 요소로 나눌 수 있었다.

① 시각적 차이

콩과 삶은 콩을 그릇에 담아 덮개로 덮어두고 하나, 둘, 셋을 센 후 개봉하였다. 어린이들은 "선생님 콩이 커졌어요"하며 깜짝 놀라는 반응을 보였다. 이처럼 크기는 시각적으로 확연한 차이를 보였다. 그리고 콩을 삶으면 콩의 색이 옅어지고 표면은 반짝거리게 된다는 사실을 알게 되었다.

② 후각적 차이

덮개를 열자 어린이들의 코를 자극하는 냄새가 났다. 어린이들은 날콩과 삶은 콩 중 어느 콩에서 나는 냄새인지 처음에는 구분하지 못했다. 그래서 어린이들은 그릇을 코 가까이 대고 냄새를 맡은 후 날콩에는 '냄새가 나지 않아요' 라고 말했고, 삶은 콩에서는 '풀 냄새, 고소한 냄새' 등 다양한 냄새가 난다고 하였다. 날콩은 냄새가 거의 없지만 콩이 익으면 콩 특유의 냄새가 난다는 사실을 알게 되었다.

③ 촉각적 차이

삶은 콩을 본 어린이들은 질문을 하기 시작했다.

어린이 1 선생님 콩 만져 봐도 돼요?
어린이 2 콩을 만지면 느낌이 이상할 것 같아.

어린이 3 나도 콩 만져 보고 싶은데…… 만지면 미끌미끌할 것 같아.

교　사 그럼 우리 콩을 만져 보기 전에 콩을 만지면 어떤 느낌이 날 것 같은지 생각해 볼까요?

어린이 1 날콩은 만지면 거칠거칠 할 것 같아요.

어린이 2 삶은 콩은 무겁고 딱딱할 것 같아요. 훨씬 크잖아요.

어린이 3 삶은 콩은 미끌미끌하고 물렁물렁할 것 같아요.

어린이들이 말한 것처럼 날콩은 거친 느낌이면서도 딱딱했고, 삶은 콩은 미끌미끌하면서도 말랑말랑해 아이들이 손으로 만졌을 때 손톱자국이 새겨질 정도였다. 이 실험을 통해 콩을 삶으면 무르기가 물러지고 표면이 미끄러워지며 탄력이 생긴다는 사실을 알게 되었다.

④ 미각적 차이

손으로 콩을 만져 본 어린이들은 콩을 입 속에 넣어 깨물어 보았다. 날콩을 깨문 어린이들은 "윽~~ 딱딱해. 선생님 이가 아파요" 라고 말했으며 삶은 콩을 먹은 어린이들은 "고소하다" "물렁물렁하다" "맛있다"고 말하였다. 날콩은 딱딱하고 먹기가 힘들지만 삶거나 익히면 부드러워져서 먹기도 편해진다는 것을 경험하였다.

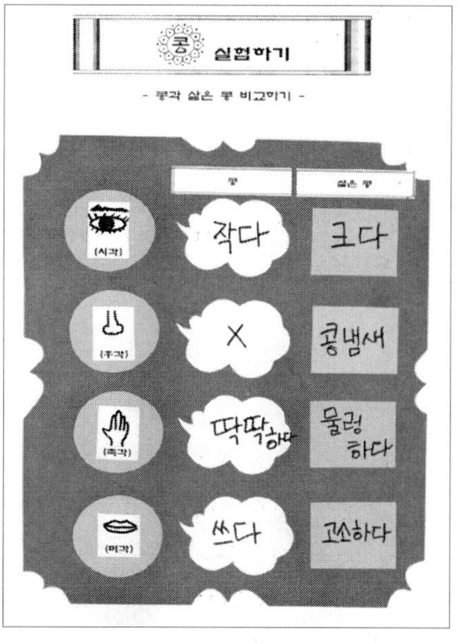

② 콩과 땅콩 비교하기

어린이들은 콩의 특징에 대해 알고 있었다. 땅콩은 콩의 일종이지만 꼬투리의 형태와 자라는 곳에 있어서 확연한 차이를 보여 이것에 대해 의문을 갖기 시작하였다.

어린이 1 콩은 땅 위에서 열리는데 땅콩은 왜 땅 속에서 열려요?
어린이 2 땅콩의 꼬투리는 왜 딱딱해요.
어린이 1 콩은 그냥 못 먹는데 땅콩은 왜 그냥 먹어도 돼요?

어린이들은 콩과 땅콩의 특징에 대한 궁금증을 알아보기 위해 스스로 자료를 찾기 시작했다. 책을 들고 와서 읽어 보는 어린이, 콩과 땅콩을 실제로 들고 와서 비교하는 어린이 등 어린이들 모습에서 탐구하고 과학하는 태도를 볼 수 있었다.

어린이들이 찾아본 콩의 특징

- 꼬투리가 물렁물렁해요.
- 땅 위의 줄기에서 열려요
- 꼬투리에 하얀 잔털이 있어요.

어린이들이 찾아본 땅콩의 특징

- 꼬투리가 딱딱해요.
- 땅 속의 뿌리에서 열려요.
- 표면에 굵은 실 털이 있어요.

콩과 땅콩은 위에서 알아본 것과 같이 여러 가지 차이점을 가지고 있었다. 또 한 가지 알게 된 사실은 콩과 땅콩의 공통점이었다.

콩과 땅콩의 공통점

- 단백질과 지방의 영양소가 풍부하게 내포되어 있다.
- 꼬투리에 감싸져 자라고 콩의 표면에 얇은 껍질이 있다.
- 한 꼬투리 안에 1~3개의 콩들이 들어 있다.

어린이들은 땅콩에만 있는 줄 알았던 얇은 껍질이 다른 모든 콩에도 있다는 것을 알고 콩과 땅콩에 대한 차이점과 공통점을 분명하게 경험할 수 있었다.

③ **작은 콩알의 비밀**

과학 영역에는 어린이들이 궁금할 때마다 관찰할 수 있도록 항상 검은 콩, 메주콩, 녹두, 밤콩이 비치되어 있다. 어린이들은 집에 가기 전에 흐트러진 콩을 종류대로 정리해 놓고 간다. 마지막으로 정리한 어린이가 일어서다 실수로 2단 선반 위의 콩 접시를 떨어뜨리는 것을 봤는데 콩 몇 개가 물 조리 속으로 들어갔다. 교사는 물 조리로 쏟아진 콩을 보았지만 이 물에 빠진 콩들이 좋은 학습 자료가 될 것이라고 생각하였다. 그래서 물에 빠진 콩을 그대로 두었다. 다음 날 불은 콩을 접시에 두어 어린이들이 관찰할 수 있도록 하였다.

어린이 1 얘들아. 여기 좀 봐. 콩이 진짜 커!
어린이 2 와~! 진짜다. 엄청 큰 콩이다.
어린이 3 콩이 왜 이렇게 크지?
어린이 2 선생님! 이 콩은 왜 이렇게 커요?
교 사 어제 물 조리 속에 보니까 콩이 빠져 있었어. 그래서 선생님이 접시에 꺼내 놓은 거야.
어린이 1 물 속에 있으면 이렇게 커지나 봐.
어린이 3 저번에 물에 삶았을 때 그 콩도 커졌잖아.

어린이들은 물에 빠진 후 크기가 커진 콩을 관심 있게 지켜 보았고, 어린이들의 관심이 불은 콩으로 옮겨졌다. 투명한 유리컵에 콩을 담고, 담겨있는 콩의 높이를 빨간색 유성 펜으로 표시한 뒤 콩의 높이보다 약 4㎝ 더 높게 물을 부어 콩의 높이를 표시한 빨간 선 위에 초록색 유성펜으로 표시하였다. 또 다른 하나의 컵에는 (비교군) 콩만 부어 콩의 높이를 표시하고 그대로 두었다. 그리고 어린이들은 두 개의 컵을 보며 어떻게 될까? 라고 예상되는 결과를 "나는 물이 담긴 콩이 초록색 선까지 올 것 같아", "나는 물이 없는 컵의 콩은 아무렇지도 않을 것 같아"라고 이야기하였다. 교사는 두 개의 컵을 과학대 위에 올려놓고 변화를 기다렸다. 변화가 금방 일어날 것이라는 어린이들의 예상과는 달리 변화가 그렇게 빨리 일어나지는 않았다. 다른 활동이 진행되던 중 어디선가 '툭, 툭' 하는 소리가 들렸다. "어? 콩이 넘쳐요!" 어린이들은 콩이 넘치고 있는 과학대로 갑자기 관심이 쏠렸다. 그리고 어린이들은 콩의 변화에 눈을 떼지 못했다. 컵 속의 작고 동그란 콩은 마치 강낭콩의 모양처럼 길쭉하고 커다랗게 변해 있었고 콩의 높이를 표시해 두었던 빨간 선의 높이를 훨씬 넘었고 물의 높이가 표시되어 있던 초록색 선마저 넘어 컵을 넘치고 있었다. 이 실험을 통해 어린이들은 콩이 물을 흡수하면 부풀어져 크기가 커진다는 사실을 알게 되었다. 또 "콩이 팝콘처럼 커졌어"라며 즐거워하였다.

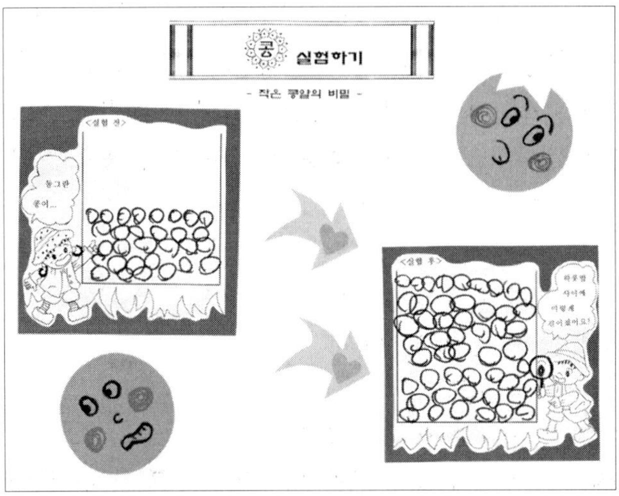

(7) 콩 요리하기

물에 불은 콩이 '마치 팝콘 같다'는 어린이의 말은 콩을 이용한 요리를 하기 위한 촉매제가 되었다.

어린이 1 선생님 콩은 참 신기해요. 팝콘 같이 커지기도 해요.
어린이 2 콩은 딱딱하지만 삶으면 물렁해져요.
어린이 1 콩은 요술쟁이 같아요.
어린이 2 콩은 음식도 되잖아요.
어린이 3 맞아. 먹을 수도 있어.
어린이 2 그래. 오늘 내 간식도 콩으로 만든 콩떡이에요. 엄마가 이제 내가 콩을 좋아한다고 만들어 주셨어요.
어린이 1 콩떡?

어린이들의 관심은 그 친구의 콩떡에 모아졌고, "콩떡의 맛은 어때요?" "콩떡은 어떻게 만들어요?" 등의 여러 가지 질문을 했다. 어린이들은 콩떡을 어떻게 만드는지 궁금해 하였고 콩떡을 우리도 만들어 봤으면 좋겠다는 제안을 하였다. 어린이들과 함께 교사는 콩떡 만들 때 필요한 재료와 도구, 조리 방법에 대해 알아보았다.

어린이들은 콩, 물, 냄비, 가스렌지 등이 필요하다고 이야기했다. 그러나 떡을 만들기 위해서는 필요한 찹쌀가루, 간을 맞추기 위해 필요한 소금을 생각하지 못하고 있었다. 요리책을 가져와 필요한 재료를 알아보고 교사는 어린이들과 같이 요리 순서도를 만들고, 요리 과정에서 어린이들이 지켜야 할 규칙과 함께 요리 활동을 실행해 보았다. 요리 순서도를 만들 때에는 어린이들의 발달 수준을 고려하여 요리 과정을 간단하게 줄였고 그림을 넣어 어린이들의 이해를 도왔다. 어린이와 교사가 함께 만든 요리 순서도를 보면서 요리 활동을 하였다.

어린이들은 요리 활동이 끝나고 서로 무엇을 알게 되었는지 이야기해 보았다. 또한 요리 활동 중 자신의 선택 · 작업 · 느낌 성취 등을 비교하면서 요리 활동을 마무리했다. 요리 활동은 콩에 대한 인식을 긍정적으로 인식시켰다. 어린이의 편식 습관을 고치고 올바른 식사법도 배울 수 있었으며 건강해지기 위해 음식을 골고루 먹어야 된다는 생각을 가질 수 있게 했다.

콩 요리하기
- 요리 재료 알아보기 -
콩, 찜솥, 냄비, 천
찜판, 가스렌지
참기름, 소금

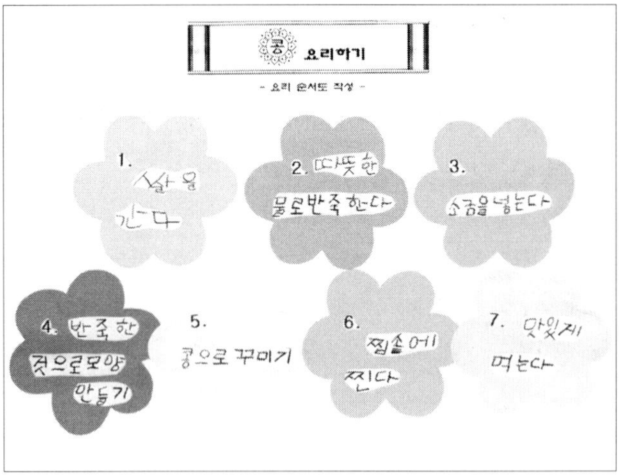
콩 요리하기
- 요리 순서도 작성 -
1. 쌀을 간다
2. 따뜻한 물로반죽 한다
3. 소금을넣는다
4. 반죽한 것으로모양 만들기
5. 콩으로 꾸미기
6. 찜솥에 찐다
7. 맛있게 먹는다

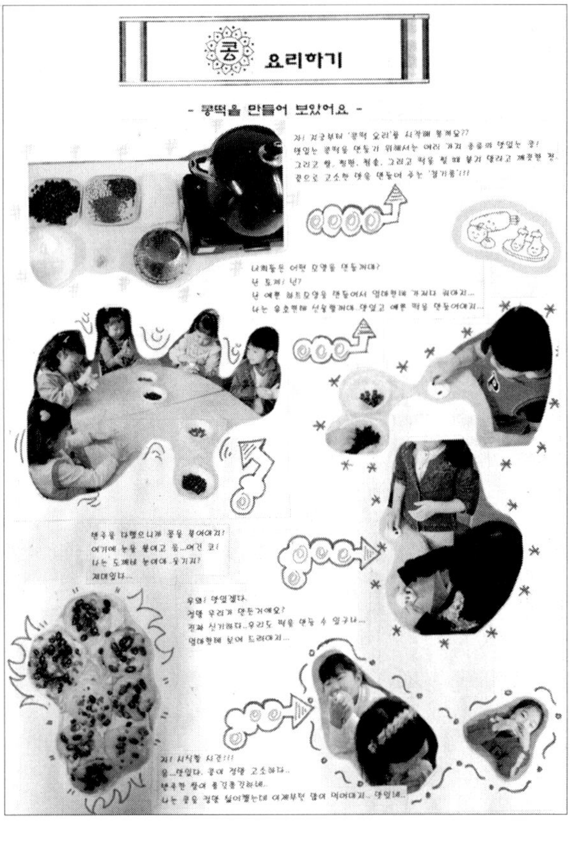
콩 요리하기
- 콩떡을 만들어 보았어요 -

(8) 견학하기

어린이들은 직접적이고 구체적인 경험을 할 때 가장 잘 배운다. 현장 견학을 하면서 자신과 주변 환경과의 관계나 자신들 스스로에 대한 의미를 형성해 나갈 수 있다.

또한 주변의 사물과 현상을 좀 더 잘 이해하게 되어 학습에 대한 흥미를 유발시킨다. 이러한 목적을 가지고 어린이들과 함께 콩 가게를 견학해 보기로 했다.

견학하기에 앞서 콩 가게 주인아저씨께 물어 볼 궁금증들을 모아 보았다. 비슷한 의견을 하나로 모아 5가지 정도의 궁금증을 적어 가게에 가서 직접 물어보기로 하였다.

어린이들은 견학할 장소인 신정시장 안에 여러 상점의 물건들을 살펴보았다.

콩 가게 도착!

책이나 유치원에서만 보던 콩들이 가게에 모두 진열되어 있는 것을 보고 어린이들은 감탄을 연발하였다. 콩 가게를 방문하자 콩 가게 할아버지께서는 여러 가지 콩의 이름을 친절히 설명해 주셨다.

어린이들은 더욱 신이 나서, 유치원에서 모아 본 궁금증을 하나씩 질문했다.

어린이 1 콩은 얼마예요?
할아버지 강낭콩은 한 되에 만원이야.
어린이 2 할아버지, 저 콩 이름은 뭐예요?
할아버지 녹두, 땅콩, 강낭콩, 메주콩…….
어린이 3 이 가게 콩은 어디에서 왔어요?
할아버지 시골에서 배달됐단다.

어린이들은 할아버지와의 인터뷰를 하면서 궁금증을 직접 해결할 수 있었다. 프로젝트 활동을 전개하다 보면 지역사회를 활용하거나 도움을 받아야 할 경우가 많다. 특히 현장 견학으로 가까운 곳인 동네의 가게, 슈퍼마켓, 시장 등을 방문할 수도 있고, 지역 주민에게 전문가로서의 도움을 받을 수 있다. 콩에 대한 궁금증이 하나씩 해결되는 것에 어린이들은 성취감을 느꼈고, 마침내 어린이들과 직접 콩을 사 보기로 하였다.

교 사 얘들아, 우리 무슨 콩을 살까?
어린이 1 밤콩을 사고 싶어요.
어린이 2 땅콩이 맛있겠어요.
어린이 3 검은콩을 사요.

이렇게 여러 가지 생각들로 분분한 가운데 어린이들의 의견을 조합하여 많이 나온 강낭콩과 흑태를 반 되씩 사기로 결정하였다.

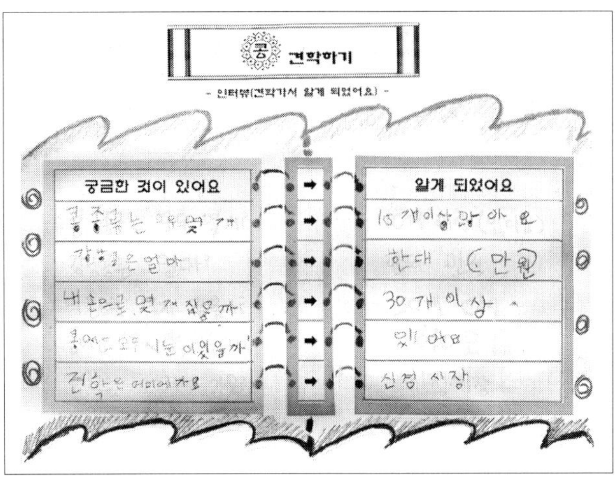

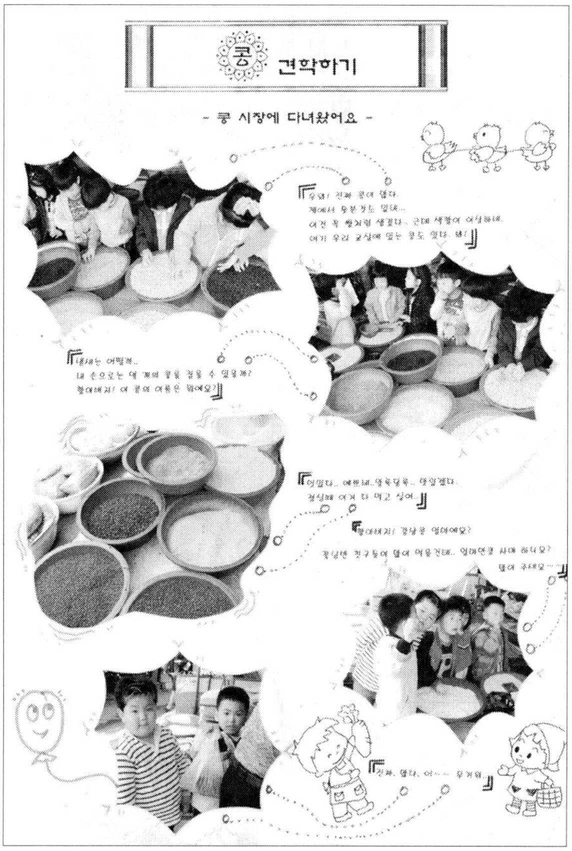

(9) 표상 활동

표상의 목적은 어린이들에게 자신의 경험을 회상 · 해석하게 하고 기억을 되살리게 하며, 아이디어를 다른 사람들과 나누는 데 있다. 바람직한 기록 방법에는 어린이들의 그림, 어린이들이 만든 것, 이야기, 시, 어린이들이 쓴 글 등이 있다. 이런 기록 방법들은 프로젝트의 주제가 교실 전체에 스며들게 할 뿐 아니라 부모나 다른 교사에게 알리는 데도 도움이 된다.

프로젝트가 시작되면서 자유선택 활동시간에 콩을 가지고 놀이를 하는 어린이들이 점점 늘어났다.

어린이 1 (과학대에 비치된 콩을 가지고 놀며) 난 같은 색 콩끼리 모아야지.
어린이 2 강낭콩은 내가 모을게.

어린이 3 난 검정콩을 모을게.
어린이 4 그럼 너희들이 모은 콩을 나에게 줘. 난 콩으로 얼굴을 만들거야.
어린이 3 어? 검정콩으로는 머리를 만들면 되겠다.
어린이 2 강낭콩으로는 무엇을 하지?
어린이 1 입을 만들면 돼.

놀이를 하던 어린이들은 콩으로 만든 얼굴을 다른 친구들에게 보여주었고 다른 친구들도 콩으로 얼굴을 만들어 보고 싶다고 말하였다.

얼굴 만들기를 하기 전 준비물로 종이와 물풀을 준비했으나 얇고 평평한 종이에서는 콩이 자꾸 움직여 원하는 얼굴 모양을 만들기가 어려웠다. 그래서 단단하고 둥근 얼굴 모양을 표현하기 위해 적합한 것을 찾아보던 중 한 어린이가 콩이 담겨져 있는 접시를 보고 그 위에 얼굴을 꾸미자고 말했다.

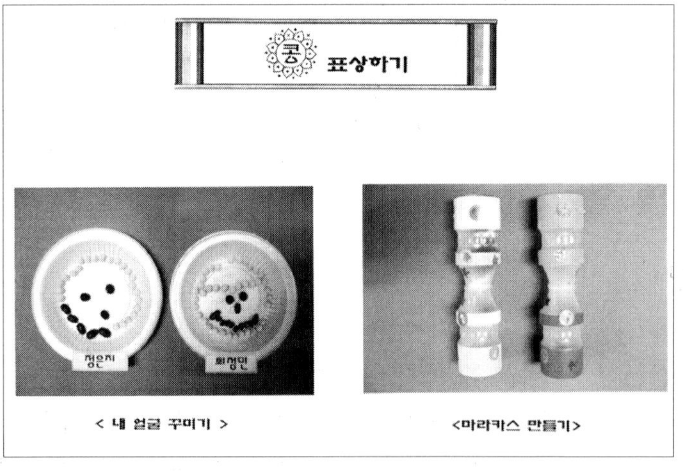

동시 짓기는 콩을 경험하고 느끼는 점을 의성어나 의태어로 나타내는 활동으로 어린이들은 주로 콩의 다양한 색깔에 초점을 맞추어 지었고 동그란 모양을 빗대는 '콩콩, 탱탱' 등과 같은 의태어를 주로 사용하였다. 또한 자작한 동시를 친구들 앞에서 낭송해 보는 시간을 가지며 자신의 작품에 자부심을 가지게 되었고 다른 친구의 생각을 존중하고 인정할 수 있게 되었다.

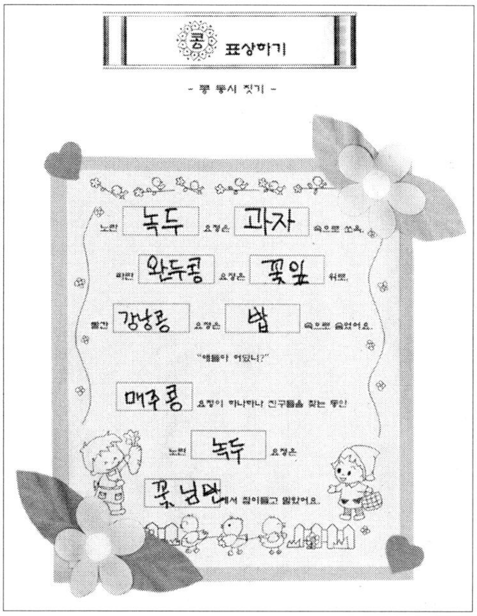

마지막으로 이루어진 표상은 어린이들이 좋아하는 색깔, 모양 등을 상상해 하늘에서 내리는 콩비를 나타내는 활동이다. 진정한 표상 활동을 위해서는 구체적이고 깊이 있는 경험이 요구되고, 어린이가 다양한 매체에 따라 활용하여 재구성하는 과정을 겪게 되면 어린이 자신의 지식을 계속적으로 변형하고 확대하여 개념이나 주제에 대한 다상징적 활동을 경험할 수 있도록 도울 수 있다.

(10) 회상하기

어린이들은 교실에서 재배했던 콩이 자란 것을 보면서 기뻐하며 신기해 하였다. 이때, 몇 명의 어린이는 자란 콩을 여러 사람들에게 보여주고 싶어했다. 다른 어린이들도 그들의 의견에 동의하며, 부모님과 친구들, 동생들에게 초대장을 만들어 보내자고 하였다.

초대장은 다른 사람들이 전시장을 정확히 찾고 꼭 올 수 있도록 하는 역할을 한다. 그래서 어린이들은 이번 '콩 프로젝트'를 다른 사람들에게 알려주고 초대하기 위해 초대장을 만들기로 하였다. 그 사이 초대장에 꼭 기재하여야 할 요소들에 대해 토의한 후 만들기가 시작되었다.

어린이 1 나는 우리 엄마, 아빠께 꼭 오시라고 쓸 거야.
어린이 2 난, 우리 아파트 친구들한테도 오라고 해야지.
어린이 1 시간이랑 장소도 정확하게 적었어? 잘 적어야 되는데…….

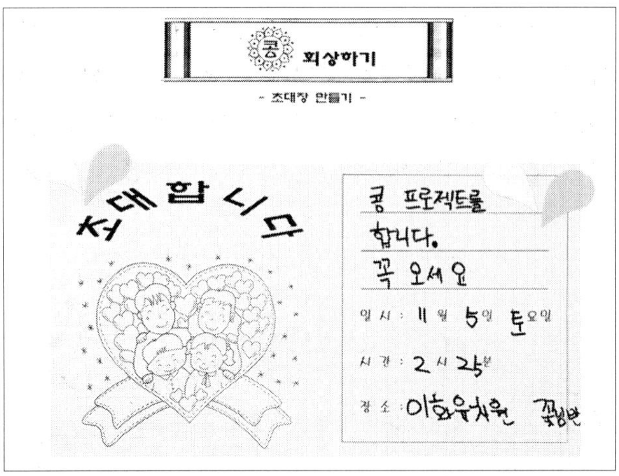

어린이들은 콩의 영양소(단백질, 지방)를 알고 콩 요리 활동을 하면서 서로 다른 콩의 식습관에 대해 이야기를 나누었다.

어린이 1 나는 콩을 정말 싫어했어.
어린이 2 난 콩밥도 안 먹고 콩나물도 안 먹고…….

어린이 1 그런데 지금은 잘 먹어.
어린이 2 나도…… 콩떡을 해서 먹어 보니까 맛이 있었어.

프로젝트를 마무리짓는 시점이 되자 콩을 좋아하게 된 어린이들이 많아졌다. 그런 어린이들은 콩을 싫어하는 어린이들에게도 콩을 좋아하게 만들어 주자는 의견을 내었다. 맛있고 영양가 많은 콩을 홍보하기 위해 여러 가지 방법(TV, 신문, 라디오, 전단지 광고……)을 알아보던 중 한 어린이가 길에서 광고가 걸려 있는 것을 보았다며 자신뿐만 아니라 지나가는 많은 사람들이 모두 볼 수 있었다고 말하였다.

이러한 토의를 통해 어린이들은 공익광고를 만들어 보고 광고 배경 등은 그림과 글뿐만 아니라 잡지나 사진 자료 등을 이용해 표현하기도 했다.

- 건강한 어린이는 음식을 골고루 먹어요.
- 키가 쑥 쑥! 튼튼한 몸! 편식하지 않아요.
- 콩을 먹으면 나처럼 예뻐져요.

유치원에 초대된 부모님과 동생들은 어린이들이 기른 콩과 게시판, 벽면에 전시된 프로젝트 활동들을 보면서 칭찬과 격려를 아끼지 않았다. 어린이들 또한 마치 콩 박사가 된 듯 자신을 자랑스러워하였다. 이러한 과정을 통해 어린이와 어린이, 교사, 부모님, 지역사회 간의 연계된 콩 프로젝트 활동을 성공적으로 마칠 수 있었다.

참고 문헌

김경미 외(2002). 현장 중심 유아 과학 교육. 창지사.

김난이(2001). 콩콩콩, 콩이 좋아요. 한국 삐아제.

김영호(2001). 레지오 에밀리아 접근법의 이론과 실제. 학지사.

김은희(2000). 레지오 에밀리아 접근법의 이해와 현장 적용. 창지사.

김찬종 외(2001). 과학교육학개론. 북스힐.

문미옥 · 신현옥 · 김영숙 · 류칠선(2001). 유아를 위한 과학교육. 교문사.

서영숙 외(2003). 레지오 에밀리아 접근법. 학지사.

심조원(1994). 콩으로 만든 거야. 보리.

오연주 외(2002). 유아를 위한 미술 교육의 통합적 접근. 창지사.

이숙재(2002). 유아를 위한 놀이의 이론과 실제. 창지사.

이연섭(1998). 레지오 접근법의 첫걸음. 정민사.

_____ · 김지연 · 박선미 · 우명자 · 이성숙 · 최지영(2004). 레지오와의 만남 우리들의 여행. 정민사.

이정명(1993). 프티 사이언스 자연 그림책 땅콩. 캠프.

지옥정(2003). 유아교육현장에서의 프로젝트 접근법. 창지사.

_____(2005). 프로젝트 학습 공동체를 통한 프로젝트 접근법의 유아 교육 현장 적용. 창지사.

차주희 외(2001). 레지오식 프로젝트 활동. 양서원.

최소자(2002). 프로젝트접근법의 사례연구 1. 창지사.

_____(2003). 프로젝트접근법의 사례연구 2. 창지사.

_____(2004). 프로젝트접근법의 사례연구 3. 창지사.

한국레지오교육연구회(2002). 익숙한 것을 새롭게 보기. 레지오 에밀리아 국제학술대회.

황해익(2001). 유아교육기관에서의 포트폴리오 평가. 창지사.

Anselmo, S. (1987). Early childhood development: Prematal through age eight. Upper Saddle River, NJ: Merrill/Prentice Hall.

Barden, M. (1993). A backward look: from Reggio Emilia to progressive education. In C. Edwards, L. Gandini, & G. Forman (Edu), The hundred languages of children: The Reggio Emilia approach to childhood education. Norwood, N.J.: Ablex Publishing Corporation.

사회 생활 평정 척도

영 역	구 분	내용 체계	평가 기준	평정 척도	비 고
사회 생활	기본 생활 습관	예절 바르게 생활하기	1. 콩 가게 견학 시 그 곳에 일하시는 어른들게 인사를 잘하고 예절 바른 언어를 사용할 수 있는가?	1 2 3 4 5	**1.0 사전 경험** 책 보기 & 인터넷 자료 보기 **5.0 콩 재배하기** **7.0 콩 요리하기** 7.1 요리 재료 알아보기 7.2 요리 순서도 및 요리하기 **8.0 견학하기** 8.3 현장 견학 및 콩 사기 **10.0 회상하기** 10.2 공익광고 만들기
		질서 지켜 생활하기	1. 콩 책과 인터넷 자료를 본 후 제자리에 정리 정돈 할 수 있는가? 2. 콩 가게 견학 시 스스로 차례를 지킬 수 있는가?	1 2 3 4 5 1 2 3 4 5	
	개인 생활	나에 대해 긍정적으로 생각하기	1. 콩 재배(수경)할 때 내가 맡은 일을 할 수 있는가?	1 2 3 4 5	
		자기 일을 계획하고 실천하기	1. 콩을 관찰할 때 활동을 스스로 계획하고 행동으로 옮길 수 있는가?	1 2 3 4 5	
	집단 생활	다른 사람을 이해하고 존중하기	1. 토의할 때 친구의 의견과 나의 의견이 다르다는 것을 이해할 수 있는가? 2. 친구의 의견을 존중할 수 있는가? 3. 친구와 의견 차이가 있을 때 서로 의논하여 조정할 수 있는가?	1 2 3 4 5 1 2 3 4 5 1 2 3 4 5	
		공공 규칙을 이해하고 지키기	1. 콩 프로젝트에 사용되는 물건을 소중히 여길 수 있는가? 2. 콩 가게에서 지켜야 할 규칙을 알고 지킬 수 있는가?	1 2 3 4 5 1 2 3 4 5	
		두레의 소중함을 알고 협력하기	1. 콩 재배시 서로 협력해야 하는 일을 알고 실천할 수 있는가? 2. 콩 프로젝트에 사용되는 물건을 나누어 쓰고 서로 양보할 수 있는가?	1 2 3 4 5 1 2 3 4 5	
	사회 현상과 환경	주변 지역에 관심 가지기	1. 우리 동네에 콩 가게가 있다는 것을 알고 관심을 가질 수 있는가?	1 2 3 4 5	
		환경 보전에 관심 가지기	1. 콩을 재배할 때 깨끗한 환경의 중요성을 알 수 있는가? 2. 깨끗한 환경을 만들 수 있는 방법을 알고 실천할 수 있는가?	1 2 3 4 5 1 2 3 4 5	
		정보 자료에 관심 가지기	1. 콩에 대한 자료를 모을 수 있는가? 2. 콩에 대한 정보를 찾는 방법을 알고 활용할 수 있는가?	1 2 3 4 5 1 2 3 4 5	

표현 생활 평정 척도

영 역	구 분	내용 체계	평가 기준	평정 척도	비 고
표현 생활	탐 색	형태 탐색하기	1. 콩 형태와 생태에 대해 관심을 가질수 있는가?	1 2 3 4 5	4.0 **콩 탐색하기** 4.2 콩의 성장 과정 4.3 콩의 구조 5.0 **콩 재배하기** 5.1 필요한 조건 5.2 관찰 보고서 (강낭콩 기르기) 6.0 **콩 실험하기**
			2. 콩을 직접 재배하여, 성장 과정을 이해할 수 있는가?	1 2 3 4 5	
			3. 콩과 삶은 콩을 탐색해 보고 차이점과 유사점을 비교해 볼 수 있는가?.	1 2 3 4 5	
	표 현	그림 그리기	1. 콩의 구조나 성장 과정을 사진이나 실물을 보고 그릴 수 있는가?	1 2 3 4 5	
			2. 콩의 단면을 자세히 탐색하고 표상할 수 있는가?	1 2 3 4 5	
			3. 여러 가지 그림 자료와 도구를 사용하여 자신의 생각과 느낌을 창의적으로 표현할 수 있는가?	1 2 3 4 5	
		만들기와 꾸미기	1. 재료와 도구를 활용하여 홍보물을 만들 수 있는가?	1 2 3 4 5	
			2. 재활용품을 활용하여 새롭고 다양한 방법으로 표상할 수 있는가?	1 2 3 4 5	
	감 상	자연과 사물 감상 및 예술적 표현 존중하기	1. 다른 사람의 생각이나 표현에 흥미와 관심을 가질 수 있는가?.	1 2 3 4 5	
			2. 자신과 다른 사람의 작품을 소중히 다눌 수 있는가?	1 2 3 4 5	
			3. 서로의 생각과 느낌의 다른 점을 이해하고 존중할 수 있는가?	1 2 3 4 5	

언어 생활 평정 척도

영 역	구 분	내용 체계	평가 기준	평정 척도	비 고
언어 생활	듣 기	낱말과 문장 듣고 이해하기	1. 프로젝트와 직접적으로 관련되는 낱말과 문장을 이해할 수 있는가? 2. 두 가지 이상의 지시 사항을 듣고 따를 수 있는가? 3. 여러 가지 낱말을 듣고 그 관계를 이해하며 의사소통이 가능한가?	1 2 3 4 5 1 2 3 4 5 1 2 3 4 5	
		이야기 듣고 이해하기	1. 콩에 관한 정보를 듣고 콩에 대한 다양한 질문을 할 수 있는가?	1 2 3 4 5	**1.0 사전 경험** 1.1 콩에 대한 경험 나누기 1.2 책보기 & 인터넷 자료 보기 1.3 궁금한 것이 있어요 1.4 콩에 대한 생각 모으기 **4.0 콩 탐색하기** 4.1 콩의 종류 4.2 콩의 성장 과정 4.3 콩의 구조 4.4 콩의 영양소 4.5 콩으로 만든 음식 4.6 콩의 듬직한 힘 4.7 뿌리혹균 4.8 콩의 천적
	말하기	낱말과 문장 말하기	1. 콩 프로젝트에 필요한 낱말과 문장을 말할 수 있는가? 2. 때, 장소, 상황에 알맞은 낱말, 문장을 말할 수 있는가?	1 2 3 4 5 1 2 3 4 5	
		경험, 생각, 느낌 말하기	1. 콩에 관한 자신의 경험, 생각, 느낌을 말할 수 있는가? 2. 주제에 대하여 함께 이야기하며 문제 해결에 대해 의논할 수 있는가?	1 2 3 4 5 1 2 3 4 5	
	읽기 쓰기에 관심 가지기	말과 글의 관계 알기	1. 자신의 말이 글로 옮겨지는 과정에 관심을 가질 수 있는가? 2. 그림과 글자를 보면서 말과 글의 관계를 이해할 수 있는가?	1 2 3 4 5 1 2 3 4 5	
		글자에 관심 가지기	1. 콩과 관련된 주변의 글자에 관심을 가지고 읽어 볼 수 있는가? 2. 콩과 관련된 간단한 단어를 써 보려고 하는가?	1 2 3 4 5 1 2 3 4 5	
		쓰기에 관심 가지기	1. 콩에 관한 생각 모으기 활동을 할 수 있는가? 2. 그림, 긁적거리기, 창안글자를 사용해서 자신의 생각을 표현할 수 있는가? 3. 콩 가게 견학을 갈 때 인터뷰할 내용을 쓸 수 있는가?	1 2 3 4 5 1 2 3 4 5 1 2 3 4 5	
		책에 관심 가지기	1. 콩에 관한 책에 관심을 가지고 책 보기를 즐기는가? 2. 궁금한 것을 알아보기 위해 책과 인터넷 자료를 찾아보았는가? 3. 읽어 준 것을 이해하고 그 내용에 대하여 서로 이야기할 수 있는가?	1 2 3 4 5 1 2 3 4 5 1 2 3 4 5	

탐구 생활 평정 척도

영 역	구 분	내용 체계	평가 기준	평정 척도	비 고
탐구 생활	과학적 탐 구	콩에 대해 알아보기	1. 콩에 대해 관심을 가질 수 있는가? 2. 콩의 구조 I (단면도 그리기)를 이해할 수 있는가? 3. 콩의 구조 II (본잎, 떡잎, 줄기, 뿌리)의 이름을 알 수 있는가?	1 2 3 4 5 1 2 3 4 5 1 2 3 4 5	1.0 사전 경험 책 보기 & 인터넷 자료 보기 4.0 콩 탐색하기 4.2 콩의 성장 과정 4.3 콩의 구조 5.0 콩 재배하기 5.1 필요한 조건 5.2 관찰 보고서 (강낭콩 기르기) 6.0 콩 실험하기 7.0 콩 요리하기 7.1 요리 재료 알아보기 7.2 요리 순서도 및 요리하기 8.0 견학하기
		콩에 대해 관심 가지기	1. 콩에 관심을 갖고 자세히 관찰할 수 있는가? 2. 콩의 재배시 필요조건을 알고 길러볼 수 있는가?	1 2 3 4 5 1 2 3 4 5	
		콩 탐색하기	1. 콩의 성장 과정에 관심을 갖고, 지속적으로 관찰할 수 있는가? 2. 조리 방법에 따른 콩의 다양한 맛을 탐색할 수 있는가?	1 2 3 4 5 1 2 3 4 5	
		도구와 기계에 관심 가지기	1. 도구와 기계의 사용에 관심을 갖고 관찰할 수 있는가? 2. 도구와 기계의 바른 사용법을 알고 안전하게 사용할 수 있는가? 3. 도구와 기계가 생활에 주는 편리함을 이해할 수 있는가?	1 2 3 4 5 1 2 3 4 5 1 2 3 4 5	
	수학적 탐 구	기초적인 측정과 관련된 경험하기	1. 콩의 무게(질량)를 잴 수 있는 방법(저울)을 찾을 수 있는가? 2. 측정한 것을 비교, 분석할 수 있는가?	1 2 3 4 5 1 2 3 4 5	
		시간에 대한 기초 개념 알기	1. 콩의 성장 과정을 순서대로 이야기할 수 있는가? 2. 콩떡 요리하기의 순서도를 이해할 수 있는가?	1 2 3 4 5 1 2 3 4 5	
		기초적인 통계와 관련된 경험하기	1. 도구를 사용하여 잰 콩의 무게(질량)를 비교할 수 있는가? 2. 수집한 자료를 적절히 사용해 보고, 결과를 비교할 수 있는가?	1 2 3 4 5 1 2 3 4 5	
	창의적 탐 구	주변 상황에 관심을 가지고 탐색하기	1. 콩에 대한 주변의 환경에 관심을 가질 수 있는가?	1 2 3 4 5	
		다양하게 생각하기	1. 콩의 무게와 같은 물체에 대해 비교, 사고할 수 있는가? 2. 문제 상황에 대해 다양한 해결 방안을 모색할 수 있는가?	1 2 3 4 5 1 2 3 4 5	

포트폴리오 평가를 적용한 평가의 활동 기록지 예시 (사회 생활)

<table>
<tr><th>유아명</th><td>이예림</td><th>반(연령)</th><td>민들레반(만 4세)</td><th>평가 시기</th><td colspan="3">2005년 9월 24일</td></tr>
<tr><th>생활주제</th><td>콩</td><th>주 제</th><td>현장 견학</td><th>활동명</th><td colspan="3">콩 가게 견학</td></tr>
<tr><th>평가 내용
및 관점</th><td colspan="8">· 사회 생활 : 공공규칙을 이해하고 지킬 수 있는가?</td></tr>
<tr><th>평가 상황</th><td colspan="8">· 콩 프로젝트 활동 : 콩 가게 견학</td></tr>
<tr><th>평가 유형</th><td colspan="8">· 체크리스트 활동 기록지(사진)</td></tr>
<tr><th></th><th colspan="5">체크리스트</th><th>예</th><th>아니오</th><th>비 고</th></tr>
<tr><th rowspan="4">평가 내용</th><td colspan="5">1. 콩 가게에서 지켜야 할 규칙을 알고 지킬 수 있는가?</td><td>V</td><td></td><td></td></tr>
<tr><td colspan="5">2. 우리 주변에 콩 가게가 있다는 것을 알고 관심을 가질 수 있는가?</td><td>V</td><td></td><td></td></tr>
<tr><td colspan="5">3. 인터뷰 내용을 정확히 이해하고 질문하는가?</td><td>V</td><td></td><td></td></tr>
<tr><td colspan="5">4. 콩을 직접 살 수 있는가?</td><td>V</td><td></td><td></td></tr>
<tr><th>해 석</th><td colspan="8">예림이는 콩 가게에 도착하자, 여러 가지 콩들이 진열되어 있는 모습을 보고 신기해하며 만져 보고, 냄새를 맡아 보기도 했다. 또, 콩 가게 할아버지께 궁금한 점을 물어보기도 하고, 필요한 만큼의 콩을 직접 사며 뿌듯해 하는 행동을 보였다.</td></tr>
</table>

포트폴리오 평가를 적용한 평가의 활동 기록지 예시 (언어 생활)

<table>
<tr><td>유아명</td><td>이예림</td><td>반(연령)</td><td>민들레반(만 4세)</td><td>평가 시기</td><td colspan="3">2005년 10월 8일</td></tr>
<tr><td>생활주제</td><td>콩</td><td>주 제</td><td>요리</td><td>활동명</td><td colspan="3">콩떡 만들기</td></tr>
<tr><td>평가 내용 및 관점</td><td colspan="7">· 언어 생활 : 맛에 따른 자신의 느낌과 생각을 적절하게 표현할 수 있는가?
다양한 어휘를 알고 그 의미를 이해할 수 있는가?</td></tr>
<tr><td>평가 상황</td><td colspan="7">· 콩 프로젝트 활동 : 언어 영역</td></tr>
<tr><td>평가 유형</td><td colspan="7">· 체크리스트 활동 기록지(활동물)</td></tr>
<tr><td></td><td colspan="4">체크리스트</td><td>예</td><td>아니오</td><td>비 고</td></tr>
<tr><td rowspan="6">평가 내용</td><td colspan="4">1. 콩으로 만든 여러 가지 음식에 관심을 갖는가?</td><td>V</td><td></td><td></td></tr>
<tr><td colspan="4">2. 조리 방법을 이해하고 있는가?</td><td>V</td><td></td><td></td></tr>
<tr><td colspan="4">3. 맛에 따른 느낌, 경험, 생각에 대해 다양하게 표현할 수 있는가?</td><td>V</td><td></td><td></td></tr>
<tr><td colspan="4">4. 말하는 사람의 이야기에 주의를 기울이며 반응을 보이는가?</td><td>V</td><td></td><td></td></tr>
<tr><td colspan="4">5. 자신이 표현한 말이 글로 옮겨지는 과정에 관심을 가지는가?</td><td>V</td><td></td><td></td></tr>
<tr><td colspan="4">6. 맛에 대한 느낌을 적절한 어휘를 사용하여 글로 표현할 수 있는가?</td><td>V</td><td></td><td></td></tr>
<tr><td>해 석</td><td colspan="7">예림이는 콩떡을 만들어 보고 먹어 보는 활동을 무척 즐거워하였으며, 맛을 보고 자신의 느낌을 잘 표현해 주었다. 예를 들면 "콩떡이 입에서 살살 녹아요"라고 표현했고, 쫄깃쫄깃하며, 달콤한 맛이 난다고 말하였다. 콩떡은 어린이들이 쉽게 할 수 있는 음식이라 요리 방법과 순서도 잘 이해하고 있었다.</td></tr>
</table>

포트폴리오 평가를 적용한 평가의 활동 기록지 예시 (표현 생활)

<table>
<tr><td>유아명</td><td>이예림</td><td>반(연령)</td><td>민들레반(만 4세)</td><td>평가 시기</td><td colspan="3">2005년 10월 10일</td></tr>
<tr><td>생활주제</td><td>콩</td><td>주 제</td><td>공익광고
만들기</td><td>활동명</td><td colspan="3">콩에 관한
공익광고 만들기</td></tr>
<tr><td>평가 내용
및 관점</td><td colspan="7">· 표현 생활 : 표현(만들기와 꾸미기) 및 감상
재료의 특성을 살려 창의적으로 표현할 수 있는가?</td></tr>
<tr><td>평가 상황</td><td colspan="7">· 콩 프로젝트 활동 : 미술 영역</td></tr>
<tr><td>평가 유형</td><td colspan="7">· 체크리스트 활동 기록지(사진)</td></tr>
<tr><td></td><td colspan="4">체크리스트</td><td>예</td><td>아니오</td><td>비 고</td></tr>
<tr><td rowspan="5">평가 내용</td><td colspan="4">1. 자신이 표현할 홍보물의 내용을 이해하고 있는가?</td><td>V</td><td></td><td></td></tr>
<tr><td colspan="4">2. 표현할 부분을 자세히 나타낼 수 있는가?</td><td></td><td>V</td><td></td></tr>
<tr><td colspan="4">3. 만들고자 하는 홍보물을 독창적이고, 다양하게 표현할 수 있는가?</td><td>V</td><td></td><td></td></tr>
<tr><td colspan="4">4. 다른 친구의 작품을 소중히 다루는가?</td><td>V</td><td></td><td></td></tr>
<tr><td colspan="4">5. 다른 친구의 작품에 대해 자신의 생각과 느낌을 말할 수 있는가?</td><td>V</td><td></td><td></td></tr>
<tr><td>해 석</td><td colspan="7">예림이는 콩의 영양소에 대한 필요성을 알고 다른 친구들에게 알려주고자 공익광고 문구를 생각하고 정리하여 꾸며 보았다.</td></tr>
</table>

포트폴리오 평가를 적용한 평가의 활동 기록지 예시 (탐구 생활)

유아명	이예림	반(연령)	민들레반(만 4세)	평가 시기	2005년 9월 25일
생활주제	콩	주 제	콩 재배하기	활동명	콩 재배하기
평가 내용 및 관점	· 탐구 생활(수학적 탐구) : 기초적인 측정과 관련된 경험하기 콩의 성장 과정을 비교하고 이해할 수 있는가?				
평가 상황	· 콩 프로젝트 활동 : 수학 영역				
평가 유형	· 체크리스트 활동 기록지(활동물)				

	체크리스트	예	아니오	비 고
평가 내용	1. 콩을 재배하기 위해 필요한 조건을 아는가?	V		
	2. 필요조건에 맞추어 콩을 심을 수 있는가?	V		
	3. 일정한 간격으로 콩의 성장을 관찰할 수 있는가?		V	
	4. 관찰한 결과를 기록으로 나타낼 수 있는가?	V		
	5. 시간에 따라 다르게 성장하는 콩의 변화를 비교할 수 있는가?		V	
	6. 육상 재배와 수경 재배에서의 성장 과정을 비교할 수 있는가?	V		
해 석	예림이는 책을 통해 콩을 심는 과정을 본 적이 있다고 말하며, 재배할 때 필요한 조건을 잘 이해하고 있었다. 또한, 성장 과정의 변화를 정확하게 비교하여 말했고, 콩은 수경재배 할 때보다 육상 재배할 때 더 잘 자란다는 것을 알아내었다.			

최소자

중앙대학교 대학원 석사 (유아교육과정 전공)
한국교원대학교 교육학 박사 (교육과정 전공)
울산과학대학 유아교육과 교수

프로젝트 활동에 참여한 이화유치원 교사

이인숙 조혜신 이윤경 오위경 오세연 이채화
장정은 곽연옥 전현정 김지혜 함봉순 박정미

프로젝트 접근법의 사례 연구 5

초판 1쇄 발행 2006년 2월 20일
초판 2쇄 발행 2011년 12월 15일

지은이 | 최소자
펴낸이 | 김기섭
펴낸곳 | 창지사 www.changjisa.com
153-802 서울시 금천구 가산동 345-13
파트너스타워1차 9층
전화 (02) 719-2211~3
팩스 (02) 701-9386
등 록 | 1977년 4월 28일 · 제1-421호

ISBN 89-426-0388-2 93370

값 5,000원